Martin Luther
– der Mystiker

AUSGEWÄHLTE TEXTE

Martin Luther als Mönch. Holzschnitt nach Lucas Cranach d.Ä. (1521) von Hans Baldung Grien

Martin Luther – der Mystiker

AUSGEWÄHLTE TEXTE

Herausgegeben
von Gerhard Wehr

KÖSEL

Mit sechs Abbildungen

ISBN 3-466-20440-2
© 1999 by Kösel-Verlag GmbH & Co., München
Printed in Germany. Alle Rechte vorbehalten
Druck und Bindung: Kösel, Kempten
Umschlag: Kaselow Design, München
Umschlagmotiv: Lukas Cranach d.Ä., Martin Luther als Augusti-
nermönch, © Germanisches Nationalmuseum, Nürnberg

1 2 3 4 5 · 02 01 00 99 98

Gedruckt auf umweltfreundlich hergestelltem Werkdruckpapier
(säurefrei und chlorfrei gebleicht)

Inhalt

Hinführung

»Der Einzige, dem ein Durchbruch gelang, der die Welt veränderte, war Martin Luther. Darin besteht seine Größe, die man nicht würdigen kann, wenn man ihn mit dem Luthertum identifiziert; das ist etwas völlig anderes, das mit der protestantischen Orthodoxie, mit politischen Bewegungen, dem preußischen Konservatismus und vielem anderen verbunden ist. Luther hat damit nichts zu tun. Er ist einer der wenigen großen Propheten der christlichen Kirche, und seine Größe ist überragend, auch wenn sie durch gewisse persönliche Charakterzüge und seine spätere Entwicklung Einbuße erlitten hat. Ihm ist es zu verdanken, daß sich ein reineres Christentum, das Christentum der Reformation, neben der römischen Tradition und auf gleicher Ebene entwickeln konnte. Unter diesem Gesichtspunkt müssen wir ihn betrachten.«[1]

Zweifellos trifft das zu, aber ist er gleichzeitig als ein Mystiker anzusprechen, das heißt als ein Christ, der wesentlich von inneren Erfahrungen der Gottesbegegnung geprägt ist? Gehört er zu denen, die in der Tiefe seines Wesens ergriffen worden sind und der daher, etwa vor Kaiser und Reich anlässlich des Wormser Reichstags –

und nicht nur in dieser Situation – »gar nicht anders« konnte? Er, der eher bereit war, auf sich als auf einen »stinkenden Madensack« zu verweisen, statt eine allgemeingültige »Größe« für sich und sein Tun zu beanspruchen, – er, *dieser* Luther, hätte es zeitlebens keinesfalls geduldet, an die Seite jener anderen Großen – Männer wie Frauen – gestellt zu werden, die als Mystiker und Mystikerinnen außerordentlicher visionärer Offenbarungen und Verzückungen teilhaft geworden sind. Schon deshalb nicht, weil er viel zu selbstkritisch war, als dass er derartige leicht missdeutbare Frömmigkeitsformen hätte gutheißen können. Er kann sie aus der theologischen Literatur und gewiss auch im Hinblick auf diverse Erscheinungsweisen. Wer sich darüber hinaus klarmacht, wie leicht sich die Grenzen zwischen originärer Mystik und einem fragwürdigen, erdflüchtig-schwärmerischen Mystizismus verwischen, der begreift Luthers Skepsis allen illegitimen Seelenaufschwüngen gegenüber, insbesondere dann, wenn die allzu Be-Geisterten (Spiritualisten) es hinsichtlich ihrer Erfahrungen an der gebotenen Nüchternheit fehlen lassen. Die Pflege eines egoverhafteten »Geist«-Erlebens konnte seine Sache am allerwenigsten sein. Das ist schon deshalb eigens herauszustellen, weil es allzuoft die spektakulären Phänomene psychisch überhitzter Gemüter sind, die großenteils als Erscheinungsformen der »Mystik« auf dem zeitgenössischen »Esoterik«-Markt angepriesen werden. Dabei wird meist übersehen, dass die hier gemeinte mystische Erfahrung die Sphäre des Erfahrbaren oft genug übersteigt, nämlich zur Konfrontation mit dem Ganz-Anderen hin, das sich jeglicher Beschreibung entzieht, weil es im Letzten nicht aufweisbar ist. Doch dergleichen bekommen jene »Mystik«-Schwärmer schon deshalb nicht in den Blick, weil sie sich mit dem Vordergründigen begnügen. Nochmals: Von alledem konnte bei Martin Luther gerade nicht die Rede sein. Was dann? Was ist überhaupt unter christlicher Mystik zu verstehen?

Immerhin ergibt sich aus dem Gesagten bereits soviel, was das Wesen der lutherischen Reformation in ihrem Zentrum ausmacht. In ihm gibt es sehr wohl Elemente eines Innewerdens, eines Ergriffenwerdens und eines Vereintseins mit Gott. Das trifft offensichtlich nicht nur für den »jungen Luther« zu, dem man auch bei kritischer Einschätzung eine gewisse Nähe zur christlichen Mystik zugesteht. Mystische Substanz ist letzlich auch dort präsent, wo »in, mit und unter« den Glaubensaussagen des späten Luther diese innere Dimension bezeugt wird, ohne dass expressis verbis die aus der Mystik-Tradition bekannten Wendungen vorkommen. Es ist beispielsweise daran zu erinnern, dass er sich auch noch später auf den von ihm hochgeschätzten Eckhart-Schüler Johannes Tauler (gest. 1361) berief, »wenn von Gottes anfechtendem Umgang oder von der Werkerei und fleischlichen Klugheit der Scholastik die Rede war. So blieb er für ihn neben Augustin ein kritischer Kronzeuge gegen die Scholastik.«[2] Anders ausgedrückt:

»Im Herzstück seiner Theologie war ihm das Bewusstsein einer engsten Gemeinschaft des Glaubenden mit Christus unverzichtbar. Die Entfaltung dieses Glaubensbewusstseins enthält Elemente, die mit mystischen Traditionen des Mittelalters locker verwandt sind. Dennoch kann man den Komplex der Mystik Luthers weder im Ganzen noch in Einzelnen Elementen geradlinig aus der mittelalterlichen Mystik ableiten.[3] Im Kontext der Theologie Luthers hat sich das, was wir seine Mystik nennen können, als etwas höchst Eigentümliches herausgebildet.«[4]

Dieses Eigentümliche ist dadurch charakterisiert, dass der Wittenberger Reformator als Ordensmann einen nicht geringen Teil der mystischen Autoren kannte, angefangen bei Augustinus und Dionysius Areopagita, ohne den die mittelalterliche Mystik eines Meister Eckhart nicht zu denken ist, über Bernhard von Clairvaux, Bonaventura, Jean Gerson bis hin zu Tauler und zur anonymen »Theologia Deutsch«, die es ihm ganz besonders angetan hat. Solche Schriften konnte er teils rühmen, teils unterzog er sie gelegentlich (z.B. in seiner berühmten Römerbrief-Vorlesung) auch einer scharfen Kritik, etwa wenn er die Gefahr witterte, dass sich der vom Geist ergriffene Mensch auf Zustände eines Erhobenseins etwas einbildet. Nicht die »Höhe«, sondern die »Tiefe« des Christ-Seins wurde für ihn zum einzig brauchbaren Terminus der Erfahrung. Das zeigt sich spätestens in seiner Auslegung des Lobgesangs der Maria (Magnificat). Aus der »Niedrigkeit« ihres Menschseins ruft die »heilige Jungfrau« zu Gott. Aus dieser Tiefe »erhebt sie ihre Seele« und wird so zur Psalmistin am Eingang des Evangeliums. Und als Luther diesen Lobgesang aus dem 1. Kapitel des Lukasevangeliums (1521) übersetzt und kommentiert, sind die Umrisse seiner

Theologie bereits klar: Nicht fromme Werke bringen den Menschen Gott näher, indem sie ihn gerecht machen, sondern diese Rechtfertigung ist durch Jesus Christus bereits geschehen. Dieser Tatsache des Beschenktseins »ohne alle mein Verdienst' und Würdigkeit«, wie es später im Kleinen Katechismus heißt, muss man sich freilich wieder und wieder – in einem mystischen Innewerden – vergewissern, auf dem Weg eines inneren Hörens, auf dem Weg des Gebets und nicht zuletzt der Meditation, das heißt auf dem Weg einer von ihm lebenslang geübten praktischen Mystik.[5]

Wie aus vielen Schriften und Predigten ersichtlich, gebraucht Luther das Vokabular der Mystiker durchgehend. Er handhabt es frei, indem er, wo immer es angebracht ist, sein eigenes Erleben und reformatorisches Erkennen damit verdeutlicht. So sind ihm Termini der mystischen Tradition letztlich Mittel zum Zweck. Daher muss man jeweils von dem genuinen Ansatz Luthers ausgehen, wenn er sich der mystischen Ausdrucksweise bedient: »Selbstverständlich gebraucht Luther auch mystische Fachausdrücke wie den › Ausgang‹, das › Hinweggerissenwerden‹ oder das Seufzen des Menschen. Er kennt auch die Vorstellung vom Seelenfünklein, dem unzerstörbar positiven Kern im Gewissen des Menschen, der mit Gott im Einklang ist. Nach und nach werden diese Begriffe von Luther eigenwillig umgeformt und eingepasst in seine Demutstheologie. So wird aus dem Seelenfünklein der Zeuge für Gottes Anklage im Gewissen. Insgesamt bilden die mystischen Vorstellungen in Luthers Denken nicht einen selbständigen und isolierten Komplex, sondern er bedient sich ihrer zur Artikulation und Erklärung seiner eigenen theologischen Interessen.«[6] Unnötig ist es, eigens darauf hinzuweisen, dass der theologisch gründlich geschulte Ordensmann aus vielen Quellen geschöpft hat. Das mystische Schrifttum bzw. dasjenige, das man heute als solches zu bezeichnen pflegt, gehörte wie selbstverständlich auch zu Luthers geistlicher Lektüre. Dass ihm in einem entscheidenden Augenblick seines religiösen Ringens gerade Wortlaute der volkssprachlichen Mystik bedeutsam geworden sind, verdient besonders hervorgehoben zu werden.

Der Ruf nach Reformation

»Ecclesia semper reformanda – Die Kirche ist stetiger Reform bedürftig!« – »Reformation der Kirche an Haupt und Gliedern«, an der kirchlichen wie weltlichen Spitze wie an der Basis!

Dieser Ruf bestimmt das ganze ausgehende Mittelalter. Von Klosterreformen hören wir bereits im hohen Mittelalter. Zu dem traditionellen Orden der Benediktiner gesellen sich neue, den Zeitbedürfnissen angepasste Mönchsgemeinschaften mit rigorosen, bzw. mit betont missionarischen Zielsetzungen, etwa die Bettelorden der Franziskaner und Dominikaner oder die Zisterzienser. Es ist die Zeit, in der durch Kultur und Frömmigkeit, durch ein meditatives und durch ein aktives Leben das »Antlitz des Abendlandes« von neuem geprägt, gestaltet und umgestaltet wird. Nach Benedikt von Nursia sind es Franz von Assisi und Dominikus, ferner Bernhard von Clairvaux gewesen, deren Leitbilder weithin leuchteten. Eine mächtig anschwellende Armutsbewegung stellt bis ins 13. Jahrhundert hinein die verweltlichte Kirche nicht weniger in Frage als die großen Ketzerkirchen der Bogomilen, der Waldenser, der Albigenser bzw. der Katharer. Reformkonzilien suchen die miteinander im Widerstreit liegenden Papstparteien – die in Rom und die im französischen Avignon miteinander zu versöhnen, ein heilloses Unterfangen, sieht man auf die ungenügenden Resultate solcher Kirchenversammlungen. Bisweilen schufen sie neue Probleme. Und die Kirche als Ganzes betrachtet? In Sebastian Brants »Narrenschiff« findet sich der Doppelvers:

Sankt Peters Schifflein geht im Schwank,
Ich sorg gar sehr den Untergang!

Und Nikolaus von Kues, der große Cusanus, Philosoph und Bischof, ein vom Geistfeuer der Mystik Meister Eckharts berührter Theologe, urteilt am Ende des Mittelalters: »Wir sehen eine Kirche, die noch nie so tief gesunken ist wie heute.« – Gemeint ist in erster Linie die römische Kirchenleitung und die in ihrem Ungeist agierenden Helfershelfer. Denn »eine Schilderung der Träger der höchsten Würde in der Christenheit am Ausgang des Mittelalters ist wie kaum anders geeignet, Berechtigung und Notwendigkeit der Reformation handgreiflich nachzuweisen. Pius II. (1458–1464) war der (vorläufig) letzte Papst. Von jedem seiner Nachfolger lässt sich das schwärzeste Bild zeichnen. Dabei kommt Paul II. (1464–1471) noch am besten weg, denn Innocenz VIII. (1484–1492) verheiratet seine illegitimen Kinder feierlich im Vatikan und lässt sich vom Sultan dafür Bestechungsgelder zahlen, dass er dessen Bruder gefangen hält. Alexander VI. schließlich (1492–1503) braucht nur mit seinem bürgerlichen Namen Rodrigo Borgia genannt zu werden, um die unheilige Dreiheit von Vater, Sohn Cesare und Tochter Lukretia Borgia in Erinnerung zu rufen, die seit damals als Verkörperung der Verworfenheit gelten. Das wird unter den nächsten Päpsten Julius II. (1503–1513) und Leo X. (1513–1521) anders.

Aber auch diese beiden sind doch alles andere als Hirten der Herde Christi ...«[7]

Aus England dringt die Kunde von der Kirchenkritik des in Oxford lehrenden Theologen John Wiclif (gest. 1384) nach Böhmen, also ins Herz des Heiligen Römischen Reiches Deutscher Nation. Dort lehrt am Anfang des 15. Jahrhunderts an der Prager Universität der Tscheche Jan Hus. Von der Kanzel der Prager Bethlehemskirche herab prangert er die korrupte Geistlichkeit an. Auf dem »Reform«-Konzil von Konstanz wird dieser böhmische Vorreformator ein Opfer des alten Regimes, ein Opfer unter unzähligen anderen, die je auf ihre Weise, durch mystische Einkehr, durch offene Kritik an der verdorbenen Kirche und durch die beherzte Tat zu Wegbereitern der ersehnten Reformation geworden sind.[8]

Seit dem Martyrium des Jan Hus (gest. 1415) will die Brandfackel seiner Hinrichtung als Ketzer nicht wieder verlöschen. Die hussitische Bewegung, namentlich die zum endzeitlichen Strafgericht entschlossenen Taboriten, greift weit nach Westen und Norden aus, nach Franken und nach Mittel- und Norddeutschland. Hussitisches Gedankengut gräbt sich in das Bewusstsein vieler ein. Noch ein Jahrhundert nach Hus berufen sich Martin Luther und Thomas Müntzer ausdrücklich auf den zu Unrecht verbrannten böhmischen Prediger und Hochschullehrer. Ja, Luther riskiert sogar einmal den anachronistischen, zugleich verräterischen Satz: »Wir sind alle Hussiten, Paulus und Augustinus sind Hussiten. Schon vor hundert Jahren war die Wahrheit bekannt und verdammt.«[9]

Doch verweilen wir noch einen Moment in der vor-reformatorischen Zeit: Inzwischen macht eine Programmschrift die Runde, die so genannte »Reformatio Sigismundi«, die sich im Jahre 1439 in kräftiger deutscher Sprache an die Verantwortlichen in Kirche und Gesellschaft, an Politiker und Kleriker wendet. So trägt der anonyme Autor dazu bei, dass die Erneuerung der Kirche im Bewusstsein der Menschen, nicht zuletzt der unteren Volksschichten wach bleibt. In dem Gebetsruf aus der Tiefe heißt es:

»Allmächtiger Gott, Schöpfer Himmels und der Erde, gib Kraft und Gnade, gib Weisheit, zu erkennen und zu vollbringen nach dem allerseligsten Stand und eine Ordnung geistlichen und weltlichen Standes aufzurichten, in der dein heiliger Name und Gottheit bekannt werde, denn dein Zorn ist offenbar, deine Ungnade hat uns erfaßt. Wir gehen wie die Schafe ohne Hirten, wir gehen auf die Weide ohne Erlaubnis. Gehorsam ist tot. Gerechtigkeit leidet Not. Nichts steht in rechter Ordnung.«[10]

Auch an spontanen Kundgaben aus der Mitte des Volkes fehlt es nicht. Im Frühjahr 1476 erhebt ein schlichter Dorfmusikant im Taubergrund (westlich von Würzburg) seine Stimme. Es ist die Stimme des von Visionen tief erregten »Pfeifers von Niklashausen«, genannt Hans Böhm oder Böheim (Beheim). Die bischöfliche Inquisition ist auf der Hut. Und so wissen wir aus dem Bericht eines Würzburger Spitzels, was dem unscheinbaren und doch in weitem Umkreis wirksamen Pfeifer-Hänslein zur Last gelegt wird. Da heißt es beispielsweise:

»Zum ersten untersteht er sich, ohne Unterlaß vor dem Volk zu predigen ...« Das ist im höchsten Maße ungehörig, steht doch einem ungebildeten Laien die Volkspredigt nicht zu. Sie ist an die Weihe gebunden. Die Abgesandten des Würzburger Bischofs erfahren durch den Niklashäuser auch, was in allen Landen die Runde macht, nämlich »wie der Kaiser ein Bösewicht sei, und mit dem Papst ist es nichts«. Kritik an der Obrigkeit in Staat und Kirche verknüpft der Laienprediger mit einer Ladung zupackender Sozialkritik, »er wolle noch eher die Juden bessern als die Geistlichen und Schriftgelehrten«. Bei ihnen, die anderen beistehen sollen, ist Hopfen und Malz verloren. Und er prophezeit schließlich: »Es kommt noch dazu, daß die Fürsten und Herren um einen Taglohn arbeiten müssen ...«[11] Das bedeutet Revolution und eine Umkehrung der gesellschaftlichen Ordnung. Der Bauernkrieg scheint – Jahrzehnte vor seinem Ausbruch – bereits vorprogrammiert zu sein, wenn sie nicht bald kommt, die lange ersehnte Reformation. Auf sie wartet alle Welt! Aber wer wird sie durchführen?

Nun ist der Vorabend dieses Ereignisses nicht nur durch Niedergangserscheinungen gekennzeichnet. Denn wer nach einer grundlegenden und umfassenden Erneuerung Ausschau hält, der hat bereits ein Bewusstsein davon, dass ihm Wesentliches fehlt. Aber wie lassen sich die brennenden Probleme lösen? Eine solche Ungewissheit schafft Unruhe und Angst. Damit ist die Grundstimmung von Generationen gekennzeichnet, die an der Schwelle der Neuzeit leben. Eine starke Volksreligiosität hält die beunruhigten Menschen in Bewegung. Höllenangst und Himmelssehnsucht treibt sie zu den Altären, auf denen sich für die Gutgläubigen das Heilig-Blut-Wunder vollzieht. Immer neue Wallfahrtsorte entstehen, wo immer wundertätige Reliquien gehütet und zur Verehrung »preisgünstig« angeboten werden. Aber warum hin und her pilgern? Weil man Hilfe und Tröstung nötig hat, vor allem Sicherheit. Die Erschütterungen von der Dunkelseite der Wirklichkeit her sind gewaltig, sei es, dass das Böse in Gestalt der Pest die Menschheit geißelt, sei es, dass der allgegenwärtige Teufel die viel berufene Höllenangst schürt ...

Aufgespalten ist das Volk in die Welt der Hexen und in die der Heiligen. Die einen müssen mit Feuer vernichtet werden, damit – im Falle ihrer »Bekehrung« – wenigstens die Seelen die erhoffte Läuterung finden. Die anderen werden als die viel beschriebenen »Nothelfer« gebraucht, an ihrer Spitze die Gottesmutter Maria, die wie keine andere vor ihrem gestrengen Sohn, dem Weltenrichter, für die Hilfesuchenden eintreten kann. Denn Christus wird am Ausgang des Mittelalters nicht nur in der Gestalt des Erlösers von Schuld und Sünde gesehen. Er ist zum Inbegriff des zornigen und strafenden Gottes geworden. Aus seinem Mund ragt das zweischneidige Schwert der Apokalypse. Vor Augen hatten es die Menschen in plastischer Form, wenn sie durch die Portale der Dome und Kathedralen gingen.

Also Grund genug, unruhig und geängstet zu sein. Man fragt nach verbürgten Sicherheiten. Gegebenenfalls

18

ist man auch bereit, mit klingender Münze zu zahlen. Und eben diese fragwürdige Chance ist gegeben. Es sind die Ablässe, die die Kirche allerorts anbietet. Was ursprünglich als Nachlass von kirchlichen Strafen gemeint gewesen sein mag, das wird vom unmündig gehaltenen Kirchenvolk als Inbegriff der Sündenvergebung missverstanden. Und gerade weil die Heilserwartung angesichts des auf vielfältige Weise drohenden Todes so groß ist, blüht das Geschäft derer, die nach einem Wort Friedrich Hölderlins »Heiliges wie ein Gewerbe« treiben. Diese von ihren Priestern und Bischöfen Abhängigen sind zu Gefangenen ihres Glaubens bzw. Aberglaubens geworden.

Aber beginnt nicht bereits ein neues Bewusstsein zu dämmern, von Italien herauf, und zumindest bei der Minderheit der auf Aufklärung bedachten Intellektuellen? Hat man nicht angefangen, mit der Parole »ad fontes!« die Quellen einer humanen antiken Bildung zu erschließen? Bringt nicht die Renaissance die »Wiedergeburt« eines neuen Lebensgefühls? Suchen sich nicht die an griechischem Geist geschulten Humanisten als autonome Menschen zu begreifen, dass es, mit Ulrich von Hutten zu reden, in dieser Situation für die Betreffenden »eine Lust ist zu leben« und das Leben weitgehend oder doch ansatzweise außerhalb der kirchlichen Zwangsanstalt frei zu gestalten? Freilich, die Masse des von den weltlichen und geistlichen Herren, auch Damen (z.B. Äbtissinnen), ausgebeuteten Bauern hat andere Sorgen! Wohl ist nicht zu unterschätzen, dass Humanisten von der Geistesart eines Desiderius Erasmus von Rotterdam dazu beitragen, dass das Neue Testament endlich nach dem griechischen Urtext gelesen werden kann und dass auch das hebräische Alte Testament urtextlich zugänglich wird. Darüber ist aber nicht zu vergessen, dass die Ideale humanistischer Bildung für lange Zeit nur einem verschwindend kleinen Teil der Bevölkerung südlich wie nördlich der Alpen vorbehalten bleibt. Noch auf einem ganz anderen Blatt steht, ob sich die humanistischen Bildungsgüter gegen die religiösen Erfahrungen aufwiegen lassen, zu denen einer gelangt, der aus eben jener Gefangenschaft von Angst und Verzweiflung ausbricht und der nach inneren Erschütterungen zur »Freiheit des Christenmenschen« durchstößt, indem er zu dem seit langem erhofften Reformator wird.

So ist der Vorabend der Reformation die Zeit einer großen Wende.[12] In solcher Stunde pflegt man auf herkömmliche Weise die Zeichen der Zeit zu erkunden, insbesondere durch die Deutung der Sternenschrift. Kein Wunder also, dass die Astrologie im Schwange ist und dass man sich das Horoskop dessen ansieht, der von der erwartungsschwangeren Generation als der vorbestimmte Erneuerer identifiziert worden ist: »Der ists, der wirds tun!« – Doch der also Designierte äußert sich betont skeptisch, was die Horoskopberechnung anlangt, über die er wohl nachgedacht hat. Sein Kommentar ist kurz: »Nullius est certus de nativitatis tempore«, – was besagen will: Nichts ist in dieser Hinsicht sicher. Um die Zeichen der Zeit in zutreffender Weise zu entschlüsseln, bedarf es ganz anderer Kriterien. Und auch Luthers engster Wittenberger

Mitarbeiter, Philipp Melanchthon, obwohl gelehrter Humanist, ein passionierter Astrologe, vermag den Reformator in dieser Hinsicht nicht umzustimmen.

So fällt die Astrologie als ein Mittel, zu der gewünschten Sicherheit in existenziellen Fragen zu gelangen, aus. Und ist es denn mit den auch in jenen Tagen florierenden magischen Künsten besser? Da leben ja große Könner neben solchen, die solches Können durch »Erfahrenheit« vortäuschen: Zu den keineswegs unumstrittenen Meistern zählen Paracelsus neben dem schillernden Johannes Faust, Trithem von Sponheim und Agrippa von Nettesheim.[13] Wie immer ihr Tun und Dichten, ihr Experimentieren und Laborieren im Einzelnen zu bewerten sein mag, auch als unmittelbare Zeitgenossen Luthers ist in ihnen das vorreformatorische Element stark, nämlich das der Unrast und des Ausgesetztseins. Die große Suche nach dem, der die entscheidende Wende bringen soll, ist in vollem Gang.

Das sind nur einige Gesichtspunkte, an denen deutlich werden kann, aus welcher Situation heraus Martin Luther mit seiner speziellen Lebensaufgabe konfrontiert wurde. Man könnte fortfahren und insbesondere die in jeder Luther-Darstellung bzw. Reformationsgeschichte entfalteten religiösen und theologischen Faktoren aufführen, ohne deren Gewicht die zentralen Ereignisse des 16. Jahrhunderts gar nicht zu verstehen sind. Im Zentrum all dieser Vorgänge aber steht Luthers innerer Kampf um »Gerechtigkeit« vor dem strengen Gericht Gottes. Es ist die Einsicht in die Unmöglichkeit, durch Erfüllung der vielen kirchlich gebotenen Eigenleistungen einen »gnädigen Gott« zu erhalten.

Dabei dachte er selbst wohl kaum daran, eine so grundlegende Reformation der Kirche einzuleiten oder gar mit dem bekannten Erfolg durchzuführen, wie wir sie als eine Geschichtstatsache heute kennen. Tatsächlich beschränkte er sich zunächst weitgehend auf den Aufweis von offenkundigen Missständen und deren Korrektur, wie sie unter anderem in seinen berühmten 95 Thesen von 1517, sodann in seinen drei reformatorischen Hauptschriften[14] von 1520 dargelegt sind. Darin tritt das mystische Element jedoch zurück. Allenfalls in seiner in diesem Jahr veröffentlichten programmatischen Schrift »Von der Freiheit eines Christenmenschen« wird es gelegentlich transparent. Aber es gibt einige andere Texte, in denen die Bedeutung der inneren Erfahrung als eine »Mystik des Wortes« oder als eine »Glaubensmystik« anschaulich wird. Die Formenvielfalt mystischen Erlebens und Erleidens ist bekanntermaßen groß. Einmal geht es um die so genannte »Brautmystik«, bei der Christus als der ersehnte Bräutigam auf die heilsbedürftige Braut zugeht und sie heimführt. Ein andermal ist es der leidende Gottesknecht, dessen Bild der menschlichen Seele eingeprägt werden soll, damit sie dem Christus der Passion »gleichförmig« werde. Es geht um Christus-Nachfolge (imitatio). Zentrale Bedeutung ist Luthers »Theologia crucis«, der Kreuzes- und Demutstheologie zuzusprechen.[15] – Auf die eine und die andere Ausformung, von der Luther aus eigener Erfahrung weiß, ist gesondert einzugehen; sie ist anhand von ausgewählten Abschnitten zu veranschaulichen.

Im Lichtkegel mystischer Erfahrung

Wer wie der junge Luther zuerst als Student der Rechte, dann der Theologie die Scholastik – d.h. die Schultheologie und die Philosophie des ausgehenden Mittelalters – durchlaufen hat, wer von ihr nachhaltig geprägt worden ist, jedoch nicht ohne sich mit ihr kritisch auseinandergesetzt zu haben, der konnte an der zeitgenössischen Mystik nicht unberührt vorübergehen. Scholastik und die Mystik etwa des Eckhart-Zeitalters, d.h. des frühen 14. Jahrhunderts, die gemeinhin als die volkssprachige »deutsche Mystik«[16] in die Geschichte eingegangen ist, gehören eng zusammen. Meister Eckhart (1260–1327) selbst hat Luther zwar nicht gekannt[17], zumal dessen Schrifttum aufgrund der Verketzerung kirchenamtlich indiziert war, somit als anrüchig galt. Umso wichtiger wurden für den Augustiner die Predigten des schon erwähnten Eckhart-Schülers Johannes Tauler und die ihm (irrtümlich) zugeschriebene anonyme »Theologia Deutsch«. So darf der Einfluss dieser nach Intensivierung und Verinnerlichung strebenden spirituellen Strömung auf den frühen Reformator auch dann nicht unterschätzt werden, wenn man auf kritisch-ablehnende Äußerungen zu bestimmten Ausformungen der Mystik beim späten Luther verweisen kann. Dabei ist schon an dieser Stelle anzumerken, dass Luther die von ihm geschätzten mystischen Autoren durch seine besondere »Brille« las, eben nicht mit Blick auf die eigentlichen Intentionen, die in jenen Texten zur Sprache kommen, sondern von seiner persönlichen Problematik her, wie sie sich aus seinem Ringen um die reformatorische Erkenntnis ergab. Es ging ihm also wesentlich darum, bei jenen älteren Autoren eine Bestätigung seiner eigenen Einsichten zu erhalten. Von daher schätzte er beispielsweise die »Theologia Deutsch« sehr hoch ein. Ja, er rühmte sie als einen überaus wertvollen Fund.

Die Begegnung mit der mystischen Frömmigkeit muss bei Luther schon verhältnismäßig früh eingesetzt haben. Bereits während seiner kurzen Magdeburger Schulzeit (1497/98) kam es zu ersten Berührungspunkten. Seine Lehrer waren dort »Brüder des gemeinsamen Lebens«. Es handelte sich um Vertreter jener »Devotio moderna« (neue Frömmigkeit), die eine persönlich erfahrene und gelebte Religiosität hervorhob und auf eine praktische Imitatio Christi (Nachfolge Christi) im Sinne eines Thomas a Kempis (gest. 1471) drängte. Dokumentiert ist sie in dem ihm zugeschriebenen gleichnamigen Werk.

Über das Wesen der Christus-Nachfolge heißt es da, es sei unser höchstes Bestreben, uns in die »Betrachtung des Lebens Jesu Christi zu versenken (meditari)«, also einen meditativen Weg zu beschreiten:

»Die Lehre Christi übertrifft die Lehren aller Heiligen, und wer den Geist hätte, müßte in ihr das verborgene Himmelsbrot finden. Aber es kommt vor, daß viele, obwohl sie das Evangelium häufig hören, nur wenig Verlangen danach spüren, weil ihnen der Geist Christi fehlt. Wer die Worte Christi vollkommen richtig verstehen will, muß danach trachten, sein ganzes Leben ihm *gleichförmig* (conformare) zu machen ... Wenn du die ganze Bibel auswendig kenntest und die Sprüche aller Philosophen, was würde dir das nützen ohne die Liebe und Gnade Gottes?«[18]

Schon in einem so kurzen Abschnitt aus dem Eingang des vierteiligen Buches lassen sich Formulierungen ausmachen, die die mystische Geistesart erkennen lassen.

Aus diesem Kreis der Devotio moderna stammt neben der viel gelesenen gleichnamigen »Nachfolge Christi« auch das von Luther geschätzte »Rosetum« des Mauburnus (Johannes Mombaer aus Brüssel, gest. 1501). Ein bloß äußerlich vollzogener, in Formalismus und Dogmatismus erstarrter Schein-Glaube war dieser Mystik fremd. Es zählte der ethische Vollzug im konkreten Leben. Es ging nicht so sehr um eine spekulative »Gottesgeburt im Seelengrund«, wie wir sie von Meister Eckhart und seinen Schülern kennen, auch nicht um eine »Unio mystica« (mystische Vereinigung mit Gott). Dafür stellte sich die bisher gesuchte Gottesfreundschaft als eine Einung des menschlichen Willens mit dem Willen Gottes dar. Diese Willensmystik, der wir in anderer, jedoch verwandter Form bei dem Genfer Reformator Johannes Calvin, vor allem aber bei Ignatius von Loyola begegnen, leitet sich von dem Eindruck der Ehre Gottes (Majestas dei) her, unter dem auch Martin Luther Zeit seines Lebens gestanden hat.

Was nun das »Rosetum exercitiorum spiritualium et sacrarum meditationum« (etwa: Rosengarten der meditativen Betrachtungen; erstmals vor 1500) des Mauburnus anbelangt, so kann dieses Buch als eine Art Kompendium angesehen werden, »das die Gesamttradition der Meditation vom ältesten Mönchtum, von der griechischen und syrischen Mystik bis hin zu den zahlreichen katholischen lateinischen Mystikern des frühen und hohen Mittelalters umfasst und sogar noch einige Gestalten der Renaissance-Mystik wie Pico de la Mirandola mit berücksichtigt. Dieses Rosetum ist im übrigen das Meditationsbuch, das in den Klöstern der von der Devotio moderna ausgehenden Reform des geistlichen Lebens benutzt wurde. Aus diesem Grunde gehört es auch trotz seines beträchtlichen Umfangs von mehr als siebenhundert zweikolumnigen Seiten zu den Büchern, die wegen der einstigen großen Nachfrage in den Ländern des Heiligen römischen Reiches deutscher Nation als Inkunabel gedruckt wurden.«[19]

Damit haben wir das Quellenwerk vor uns, das nicht nur aus dem Kreis stammt, den der Magdeburger Lateinschüler Martinus zumindest personell kennen gelernt hat, sondern das allgemein der Einführung in Theorie und Praxis der Meditation in den Augustinerklöstern diente. Die Augustiner-Eremiten von Erfurt, Luthers Mutterkloster, benutzten es. Spätestens hier, d.h. ab 1505, hatte Luther Gelegenheit, sich selbst mittels des Rosetum in das Meditieren eingeführt zu werden. Im Übrigen kann man deutlich erkennen, dass dieses Rosetum selbst nicht nur die Tradition des theologischen und mystischen Augustinus[20] verarbeitet hat, sondern auch die ganze Tradition der Ausleger der Augustinerregel bis in das ausgehende 15. Jahrhundert hinein. Kein Wunder also, dass Luther dieses Werk gelegentlich zitiert, auf welche Weise durch ihn selbst dessen Kenntnis belegt ist.

Und da das Rosetum, wie Ernst Benz bemerkt, auf die spanische Klosterreform eingewirkt hat, vor allem auf die Reform des Klosters Montserrat und auf dessen Abt Jimenez de Cisneros, ist der weitreichende Einfluss dieses Kompendiums der Meditation bis hin zu den noch wirkungsvolleren Exercitia spiritualia des Ignatius von Loyola zu verfolgen. Der Gründer des antireformatorischen Jesuitenordens hat sich auf Abt Jimenez bezogen, als der auf dem Montserrat seine eigenen geistlichen Übungen ausarbeitete.[21] Dieser untergründige Zusammenhang zwischen einem wichtigen geistigen Quellgebiet Luthers in der Frage mystisch-meditativer Praxis und Ignatius von Loyola ist zweifellos bemerkenswert, insofern Reformator und »Antireformator« als Teilhaber aus ein und demselben Brunnen geschöpft haben werden. Im Übrigen gilt, was Luther mit dem Wort unterstrich: »Experientia fit theologus – Durch Erfahrung wird der Theologe.« Und Mystik ist Inbegriff religiöser Erfahrung, ein Sichöffnen für das, was dem Menschen »ohne alle sein Verdienst' und Würdigkeit« von Gott geschenkt wird, also was ihn »unbedingt angeht« (Paul Tillich), was jedoch der menschlichen Machbarkeit entzogen ist.

Was nun diese Erfahrung betrifft, so ist sie durchaus ambivalenter Natur. Dass es sich hierbei um ein unverfügbares Geschenk und um einen Akt der Gnade handelt, das musste Luther in seinen Klosterkämpfen in überaus leidvoller Weise einsehen lernen: »Glaub mirs, auch ich bin in dieser Schule gewesen«, so gesteht noch der Sechzigjährige einmal, »wo ich wähnte, ich sei zwischen den

Chören der Engel[22], obwohl ich doch vielmehr zwischen Teufeln weilte ... Auf meine Gefahr hin lerne dich davor hüten und steige mit dem Sohn herab, der darum zu dir herabstieg, daß du in ihm Gott erkennst. Wo ich bin, sagt er, da werden meine Diener auch sein.«[23]

Diese Worte beziehen sich auf ein mystisches Erleben und Erstreben, dem er im Rahmen seiner Demutstheologie freilich stets eine deutliche Absage erteilt hat. Viele »Lutheraner«, ja weite Kreise des Luthertums nahmen derlei Äußerungen ihres Reformators als eine generelle und allgemein verbindliche Absage an die christliche Mystik an. Damit fiel Luther als Zeuge solcher innerer Erfahrung aus, insbesondere wenn man auch noch folgendes Wort anführen konnte: »Es waren lauter satanische Illusionen, von denen ich als Mönch beinahe gefangengenommen worden wäre, wenn mich nicht Staupitz zurückgerufen hätte.«[24]

Damit ist ein für die Frühzeit des Reformators wichtiger Gewährsmann genannt. Das heißt auch: Luther war einst sehr wohl fasziniert von den Inhalten, Methoden und Ziel der neuplatonischen Mystik eines Dionysius Areopagita, der das ganze Mittelalter hindurch eine gleichsam apostolische und damit kanonische Autorität genoss. Zwar könne man demnach Gott nicht durch irgendwelche Aussagen beschreiben und sozusagen theologisch dingfest machen, doch gebe es gar keinen Weg, um ins Mysterium der mystischen Gotteserfahrung zu gelangen, etwa auf dem des klassischen Drei-Stufen-Pfades der Reinigung, der Erleuchtung und schließlich der Vereinigung (unio mystica).

Es sind sodann die großen Gestalten mystischer Frömmigkeit, die der Augustinermönch und Theologe im Zusammenhang seiner Ausbildung gründlich kennen gelernt hat, allen voran Bernhard von Clairvaux als der geistvolle Ausleger des biblischen Hohenliedes, sodann Hugo von Sankt Viktor in Paris, der Franziskaner Bonaventura und der französische Theologe und Kirchenpolitiker Johannes Gerson. Angesichts der Nennung dieser Namen und des Hinweises auf die Leuchten der mittelalterlichen monastischen Mystik muss sich der heutige Leser vergegenwärtigen, dass der Augustiner-Theologe damit nicht etwa einer besonderen »mystischen Welle« gefolgt ist, sondern dass diese Mystik integrativer, ja selbstverständlicher Bestandteil der Frömmigkeit und des geistlichen Lebens eines Ordensmannes bzw. einer Ordensfrau darstellte. Man musste – im Gegensatz zu heute – nicht eigens von »Mystik« und von »mystischem Schrifttum« sprechen, weil ein derartiges Innewerden aus dem geistlichen Leben nicht wegzudenken war.

Nun muss man einerseits zugeben, dass Luther jener erhebenden, bis in die Geistes- und Gottesunmittelbarkeit vorstoßenden Mystik in gewisser Hinsicht wieder entfremdet worden ist, etwa durch jene, die dem »inneren Wort« besondere Beachtung geschenkt haben (z.B. Karlstadt, Müntzer, Schwenckfeld). Die Schriften eines Meister Eckhart, so hörten wir bereits, hat er offenbar nicht zu Gesicht bekommen. Das Ringen um den gnädigen Gott und die oft zermürbende Sorge des jahrelang asketisch Lebenden, er könne das mit Eifer gesuchte Bußsakrament und die Kommunion in der heiligen Messe »unwürdig« empfangen haben, brachten ihm das Unvermögen des Menschen zum Bewusstsein, von sich aus einen Stufenweg bis zum höchsten Ziel, eben zur Unio mystica, gehen zu können. Daher sein unablässiges Geständnis:

> »Die Angst mich zum Verzweifeln trieb,
> Daß nichts denn Sterben bei mir blieb,
> Zur Höllen mußt ich sinken!«[25]

Wer dergleichen als meditierender und kommunizierender Homo religiosus von sich bekennen muss, dem liegt es näher zu sagen: Die Engel des Satans haben mich traktiert, statt: Ich wurde bis in den dritten Himmel erhoben, wie dies etwa der Apostel Paulus (II. Kor. 12,2) von sich sagen konnte. Daher Luthers Abkehr von der spekulativen Versenkungs- bzw. Vereinigungsmystik. Doch das ist nur die *eine* Seite des Problems[26], denn die in tiefer Innerlichkeit verwurzelte Frömmigkeit des Reformators blieb von dieser Absage unberührt, und zwar lebenslang.

Auf der anderen Seite sehen wir eben, wie sich der angefochtene Mönch von seinem Ordensoberen Johannes von Staupitz auf die jedem Christen bedeutsame Christusverbundenheit hinweisen lässt, und zwar in Gestalt der »conformitas cum Christo«, gemeint ist das in mystischen Schriften oft wiederkehrende inständige Gleichförmigwerden mit Christus. Das ist wohl etwas anderes als die substanzielle Wesensverschmelzung des Menschen mit Gott. Aber es ist doch die Einigung des Geistes und

Willens, die Einigung des ganzen Menschen mit Christus. Wir befinden uns jedenfalls im Bereich des mystischen Innewerdens, so unterschiedlich es sich von Fall zu Fall darstellen mag. So ist es die mystisch zu nennende Tugend der *conformitas*, abgesichert durch die Tugend der *humilitas* (Demut), die keine als »mystisch« verbrämten egoistischen Seelenaufschwünge zulässt. Der dem Christus zugewandte, mit Christus »konforme« Mensch bleibt »unten«, etwa in dem Sinn, in dem Luther den Lobgesang der Maria, das Magnifikat verstand. So ist es die im besten Sinne des Wortes mystische »Ge-Lassenheit«, mit der der Fromme sich Gott überlässt und gegebenenfalls auf den fragwürdigen Genuss spezieller Erfahrung verzichtet, an denen es anderen – einst wie heute – allein gelegen sein mag: »Nicht mein, sondern dein Wille geschehe!«

Wer sich auf diese Weise dem Willen eines Größeren anheimgibt, wer Gelassenheit übt, indem er sich diesem Größeren ganz bewusst unterstellt, der ist alles andere als ein verwegener spiritualistischer Himmelsstürmer. Auf besondere spirituelle Erlebnisse, auf Schauungen, Entrückungen und dergleichen kann er es jedenfalls nicht abgesehen haben. Was Luther betrifft, so ist ihm recht bald klar geworden, dass das Hochziel aller Mystik, die Vereinigung mit Gott in der Unio mystica, immer dort problematisch, ja gefährlich ist, wo der Mensch versucht, dem in Christus geoffenbarten Gott auszuweichen und auf irgendwelchen asketisch-psychotechnischen Pfaden in die Dunkelheiten Gottes (deus absconditus) spekulativ einzudringen. Und wo selbst hochgeachtete Männer der Kirche, wie der große Dionysius Areopagita, auch der Franziskaner Bonaventura sowie andere dazu ermuntern, derlei spirituelle Höhenwege zu beschreiten, da fühlt sich Luther eher irritiert. Über die Zeit seiner Klosterkämpfe weiß er beispielsweise zu berichten, dass ihn die Lektüre mancher Schriften des Bonaventura »schier toll gemacht« hätte. Und an anderer Stelle gesteht Luther: »Ich bin auch auf derselben Treppe (d.h. auf dem mystischen Stufenweg) gewesen, ich habe aber ein Bein darüber zerbrochen.«[27] Womit auf die problematische Kehrseite des mystischen Pfades hingewiesen ist. Jedoch sind solche Warnungen eben nicht im Sinne einer totalen Absage an die Mystik zu verabsolutieren!

Schließlich hat Luther von den Genannten, eben auch von Bonaventura und von Bernhard von Clairvaux, viel zu lernen. Er sagt beispielsweise, woran er in dieser Hinsicht denkt: »Bernhard hat die Menschwerdung Christi sehr lieb, ebenso Bonaventura; diese beiden lobe ich sehr!« Übrigens ein Urteil des alten Luther aus dem Jahre 1542.[28] Wichtig ist ihm dieser richtungweisende Vertreter des Zisterzienserordens geworden, weil er bei ihm das andächtige Sichversenken in die Passion Christi beobachten kann. Er wird ihm zu einem Vorbild für seine eigene Meditation. Man denke an seinen »Sermon von der Betrachtung des heiligen Leidens Christi« (1519). So notiert schon der junge Luther, als er gerade dabei ist, die Schwelle der Reformation zu überschreiten: »Die Seele hat nach Bernhard keine Ruhe, es sei denn in den Wunden Christi.«[29] Dabei wird der um den gnädigen Gott ringende

Wittenberger Mönch inne: Es ist nicht meine Gerechtigkeit, vor allem nicht die von mir durch fromme Werke
zu leistende Gerechtigkeit, die mich in die Nähe Gottes
bringt.

Und noch ein weiterer wichtiger Gesichtspunkt ist es,
den er durch Bernhard gewinnt, nämlich jener, durch den
sich echte Mystik von einer in abstrakten Formen und
Lernnormen erstarrten Scholastik ebenso unterscheidet
wie von einem rauschhaft-illusionären Mystizismus, der
die Grenzen zwischen Gott und Mensch meint übersehen
zu können. Fragen wir Luther, was er unter Mystik versteht, dann lautet eine seiner Antworten:

»Die mystische Theologie ist eine auf Erfahrung, nicht
auf (bloße) Lehre bezogene Weisheit« (sapientia experimentalis et non doctrinalis).[30]

Diese Charakteristik bringt zum Ausdruck, wie stark
Luther gerade in dieser Hinsicht der Tradition verpflichtet
ist, die – mindestens seit Thomas von Aquin und Johannes
Gerson (gest. 1429) – die christliche Mystik als »cognitio
dei experimentalis«, eben als ein erfahrungshaftes Erkennen Gottes, begreift.[31]

Die mystische *Erfahrung* ist es demnach, die für Luther
einen wesentlichen Ausschlag gibt. Sie ist nun freilich eine
andere, als wir sie von den Schilderungen eines Meister
Eckhart her kennen, der vom »Fünklein im Seelengrund«
oder vom »Bürglein« zu sagen weiß, in dem und durch
das der Mensch gleichsam von Natur aus »göttlichen
Geschlechtes« sei, weil in dem Bürglein der Seele Gott
sein Zelt aufgeschlagen habe und dort durch immer neue

Einkehr zu finden sei. Erinnert sei an Eckharts zugeschriebene Deutung des Besuchs Jesu bei dem Schwesternpaar Maria und Martha.

Hier bewegen wir uns gewiss auf schmalem Grat, was Luthers Einschätzen der Realität mystischer Frömmigkeit betrifft, denn einerseits kennt er sehr wohl den außerordentlichen Charakter des Hineingerissenwerdens (raptus) in Gott, bei sich selbst und bei anderen, aber nicht weniger ist ihm – wie angedeutet – die Gefährdung des Menschen verborgen geblieben. Diese Gefährdung besteht darin, dass der Mensch meint, sich in irgendeiner Weise selbst erlösen zu können. – Auf der anderen Seite kennen wir Luther als den, der sich wie kein anderer in das Mysterium des Wortes vertieft, und zwar so, dass dieses Wort äußerlich als auch – und nicht weniger! – innerlich wirkt. Darüber sei die Möglichkeit der Unmittelbarkeit des Wirkens Gottes nicht übersehen. Daher vorweg ein Wort aus dem noch gesondert zu besprechenden »Magnificat«, wo es heißt:

»Denn es mag niemand Gott noch Gottes Wort recht verstehen, er habs denn ohne Mittel (d.h. ohne Vermittlung, ohne Dazwischentreten eines anderen) von dem Heiligen Geist. Niemand kanns aber von dem Heiligen Geist haben, er *erfahre* es denn; und in derselben Erfahrung lehret der Heilige Geist, als in seiner eigenen Schule, außer(halb) welcher nichts gelehret wird, denn nur Schein, Wort und Geschwätz.«

An anderer Stelle, wo er auf »beiderlei Gestalt« (Brot und Wein) des Altarsakraments zu sprechen kommt, schärft er seinen Lesern ein, man müsse bei sich »im

Gewissen fühlen Christus selbst, und unerschütterlich empfinden, daß es Gottes Wort sei«. Und er fügt seiner Gemütsart entsprechend trotzig hinzu: »... wenn auch alle Welt dawider stritte.«

Äußerungen wie diese sind deshalb erinnerungsbedürftig, weil es oft den Anschein hat, Luther lasse nur die äußere Predigt und das unverzichtbare Bibellesen gelten. Aber wenn er – in Übereinstimmung mit den Mystikern vor ihm – hie und da von »innen« und »außen« spricht, setzt er doch stillschweigend voraus, dass es letztlich gar kein auseinanderlegbares Innen und Außen geben könne, wo es um das Wort der Schrift, das heißt um die lebendige Stimme des Evangeliums (viva vox evangelii) und um den im Geist gegenwärtigen Christus geht. Mit Recht kann daher bei Luther von einem »pneumatischen«, also von einem vom Geist bewegten »Realismus« gesprochen werden.[32] Und nur ein aus dem Geist der Mystik schöpfender Mensch wie Luther ist einer solchen geistrealen Einschätzung des Wortes fähig. Das lässt ihn nach eigener leidvoller Erfahrung zu einem *Mystiker des Wortes* werden, der nicht nur eignes Erleben und Wahrnehmen bezeugt, sondern der auch andere dazu anregt, selbst einen Weg zu solcher Erfahrung einzuschlagen. Also doch wieder ein Weg, der ein menschliches Tun erfordert? – Ja, und zwar in der klaren Abgrenzung von einer egozentrierten menschlichen Frömmigkeitsleistung und der göttlichen Selbstoffenbarung, die durch kein meditatives Engagement herbeizuzwingen ist.

Martin Luther muss es nun selbst als eine glückliche Schickung empfunden haben, dass ihm in den entscheidenden Jahren seines theologischen und religiösen Ringens – in den Jahren vor dem Thesenanschlag von 1517 – Schriften in die Hand gelangt sind, die wesentlich dazu beigetragen haben, dass er sein Erleben und Erkennen klären und vertiefen konnte, so dass ihm nicht zuletzt mit deren Unterstützung der »reformatorische Durchbruch« geschenkt worden ist: durch den Zuspruch mystisch orientierter Menschen und durch Schriften der deutschen Mystik. Dazu gehören vor allem zwei, die Predigten des Dominikaners und Eckhart-Schülers Johannes Tauler[33], sowie der Text eines nicht genannten Frankfurter Priesters, genauer eines Angehörigen des Deutschherrenordens aus Sachsenhausen bei Frankfurt, daher später betitelt »Der Frankfurter« bzw. »Theologia deutsch«. Was den an den lateinischen Kirchenvätern und Meistern der mittelalterlichen Scholastik geschulten Augustinermönch stark beeindruckte, das war die herzhafte Sprache, seine deutsche Muttersprache, die ihm darin begegnet ist. Und streng genommen handelt es sich beim »Frankfurter« auch nicht um das, was man unter einer systematisierten Theologie versteht. Es handelt sich eher um Zeugnisse der christlichen Spiritualität. Sie wollen daher nicht nur durchdacht und systematisch behandelt werden. Dokumente mystisch-religiöser Erfahrung wollen vielmehr in einer erfahrungsoffenen Seelenhaltung aufgenommen und innerlich bewegt werden. Damit kommt jene *conformitas*, das meditative Gleichförmigwerden ins Spiel, an dem Luther stets gelegen war. So ist es ihm um lebendige Teilhabe zu tun, wenn er einmal sagt:

»Über jenes Erleiden und Ertragen Gottes vergleiche Tauler, der vor allen anderen diesen Gegenstand ganz vortrefflich in deutscher Sprache ans Licht gebracht hat.«[34] Tatsächlich meinte Luther, in der Theologia deutsch einem Autor zu begegnen, der geistig mit Johannes Tauler verwandt zu sein schien. Seinen Freunden, etwa dem Augustiner Johann Lang in Erfurt oder dem sächsischen Kanzler und Theologen Georg Burckhardt, genannt Spalatin, schärfte er ein, sie sollten nur bei diesem Mystiker verharren, um sich in dessen Wortlaute zu vertiefen. Er kommt sogar ins Rühmen, denn sein Argument aus dem Jahr 1518 lautet: »Ich habe in ihm (Tauler) mehr von wahrer Theologie gefunden als in allen Doktoren aller Universitäten zusammen genommen.«[35] Schon zwei Jahre vorher schreibt er an Spalatin: »Weder in lateinischer noch in deutscher Sprache habe ich eine gesundere und mit dem Evangelium mehr übereinstimmende Theologie gesehen. › Schmecke und siehe daher, wie freundlich der Herr ist‹, wenn du zuvor geschmeckt und gesehen haben wirst, wie bitter alles ist, was wir sind.«[36] Es ist gewiss kein Zufall, dass Luther in diesem Brief nicht nur ein Psalmwort (34,9) zitiert, sondern das innere Erleben des Schmeckens und Sehens meint, also Weisen der sinnlichen Wahrnehmung, und nicht nur solche der Reflexion. Auch in der Mystik soll der ganze Mensch erfasst und durchwirkt werden.

Eyn geystlich edles Buchleynn. von rechter vnderscheyd vnd vorstand, was der

alt vñ new mensche sey. Was Adams
vñ was gottis kind sey, vñ wie Adã
ynn vns sterben vnnd Christus
ersteen sall.

Titelblatt der »Theologia deutsch«, 1516

Texte mit Kommentar

Die »Theologia deutsch«

Kaum ein Dokument der deutschsprachigen Mystik hat im Reformationszeitalter so stark gewirkt wie die *Theologia deutsch*. Ihr kann als »Übermittlerin mystischer Vorstellungen eine besondere Bedeutung« zugesprochen werden.[37] »Die junge Reformation fand in dem Büchlein, was sie brauchte: eine lebendig warme Frömmigkeit, die Theologie trieb nicht um der Theologie, sondern um der Frömmigkeit willen ... Aber mit der Zurückdrängung der Mystik und eines dogmatisch weiterzigen, praktisch gerichteten Laienchristentums überhaupt wurde immer mehr auch das Interesse an der Deutschen Theologie innerhalb der Reformationskirchen zurückgedrängt, und das scharfe Urteil über die oppositionellen mystisch-spiritualistischen Parteien dehnte sich vielfach auch auf den Traktat aus. Dies umso mehr, als das Büchlein überall von den mystischen Richtungen ergriffen und zu einem gemeinsamen Feldzeichen für die im Übrigen wieder so weit auseinander gehenden mystisch-spiritualistischen Geister wurde, sowohl für diejenigen, die in der Kirche blieben, wie für diejenigen, die auch äußerlich mit der Kirche brachen und die Sammlung eigener Konventikel anstrebten.«[38]

Bezeichnenderweise war es Martin Luther selbst, der diesen geistlichen Traktat aus der zweiten Hälfte des 14. Jahrhunderts zum ersten Mal herausgab und 1516 in Wittenberg im Druck erscheinen ließ. Der Zeitpunkt ist bedeutsam. Wenige Jahre zuvor, im Herbst 1512 war er zum Doktor der Theologie promoviert worden. An der Universität Wittenberg hatte er im Auftrag seines Ordensoberen Johann von Staupitz mit seinen bibeltheologischen Vorlesungen begonnen, in denen – namentlich in seinen Auslegungen der Psalmen (Dictata super Psalterium) – mystische Vorstellungen anklingen. Zustimmende Äußerungen und kritische Bemerkungen wechseln schon in dieser Zeit einander ab. »Hier ist ohnedies einiges fließend. Luthers meditierender, affektualer Umgang mit der Schrift war mystischer Frömmigkeit, zumal der spätmittelalterlichen Buchmystik, mindestens benachbart, auch wenn für ihn die Schrift als das Medium der Gotteserfahrung galt. Das zeigt schon die Hochschätzung des inneren Hörens. In der ersten Psalmenvorlesung wird gelegentlich die negative Theologie des Dionysius, die in das Dunkel eintritt, als › die wahre Cabala‹ oder theologische Geheimwissenschaft gelobt, weil sie etwas von der Verborgenheit Gottes erfaßt. Aber sehr weit hat Luther sich damit nicht eingelassen, und in der Römerbriefvorlesung wird die mystische Theologie, die in das Dunkel eingehen will, um das ungeschaffene Wort zu hören und zu betrachten, scharf kritisiert, weil sie dabei die Passion, die Rechtfertigung und die Reinigung durch das menschgewordene Wort außer Acht läßt.«[39]

Und eben dieses in Christus menschgewordene Wort Gottes ist es, das ihn in diesen Jahren vor dem so genannten Thesenanschlag in Bewegung hält. Er habe Tage und Nächte mit dem Studium der Schrift zugebracht wie ein Elementarschüler, so gesteht er einmal. Schon in seinen Erfurter Tagen hatte er damit begonnen, doch lange las er über das Entscheidende hinweg. Er wandte zunächst den vierfachen Schriftsinn an, wie man seit der Antike die heiligen Texte zu befragen pflegte, um deren Tiefendimension zu ermitteln, d.h. neben dem wörtlichen Sinn, auch den moralischen, den allegorisch-spirituellen und den eschatologischen Schriftsinn. Später richtete sich seine Aufmerksamkeit immer stärker auf die wörtliche Bedeutung des biblischen Wortes. Und hier konzentrierte er sich immer mehr auf die Frage nach dem gnädigen Gott und nach der Barmherzigkeit Gottes, zumal er bereits erkannt hatte, dass durch menschliches Bemühen und durch bloße Erfüllung der kirchlichen Gebote vor Gott niemand gerecht werden könne. Nehmen wir einen für Luthers Erkenntnisstreben so wichtigen Text wie den Römerbrief des Apostels Paulus, dann ist von Gewicht, was er bereits in der Vorrede zu seiner Römerbrief-Vorlesung (1515/16) hervorhebt. Seine Akzentsetzung ist ebenso klar wie entschieden:

»Die Summe dieses Briefes ist: zu zerstören, auszurotten und zu vernichten alle Weisheit und Gerechtigkeit des Fleisches ... wie sehr sie auch von Herzen und aufrichtigen Sinnes geübt werden mag, und einzupflanzen, aufzurichten und groß zu machen die Sünde ... Denn Gott will uns nicht durch eigene, sondern durch fremde Gerechtigkeit und Weisheit selig machen, durch eine Gerechtigkeit, die nicht aus uns kommt und aus uns wächst, sondern von anderswoher zu uns kommt; die auch nicht unserer Erde entspringt, sondern vom Himmel kommt. So muß man also eine Gerechtigkeit lehren, die ganz und gar von außen kommt und eine fremde Gerechtigkeit ist. Darum muß erst die eigene, in uns heimische Gerechtigkeit ausgerottet werden.«[40]

Zum Zeitpunkt der Formulierung solcher Sätze ist somit bereits der Standort gewonnen, von dem aus andere Zeugnisse der Überlieferung beurteilt werden konnten. Das trifft auch für das schmale Büchlein des anonymen Frankfurters zu. Zunächst ein Blick auf das Vorwort[41]:

Dies Büchlein hat der allmächtige, ewige Gott ausgesprochen durch einen weisen, einsichtigen, wahrhaftigen, gerechten Menschen, seinen Freund, der da vorzeiten ein Deutschherr gewesen ist, ein Priester und Custos in der Deuschherren Haus zu Frankfurt; und es unterweist in mancher köstlichen Lehre göttlicher Wahrheit und besonders, wie und woran man erkennen möge die wahrhaften, gerechten Gottesfreunde und auch die ungerechten, falschen freien Geister, die der heiligen Kirche gar schädlich sind.

Die klare Abgrenzung der »wahrhaften Gottesfreunde« gegenüber den »falschen freien Geistern« kann dem ersten Herausgeber schon deswegen nicht gleichgültig gewesen

42

sein, weil er einerseits den Dominikanerpater Johannes Tauler als rechtschaffenen Vertreter der mittelalterlichen Gottesfreundebewegung hoch einschätzte, andererseits eine Verwechslung mit den verketzerten Brüdern und Schwestern vom »freien Geist« vermeiden wollte. Dazu kommt, dass er die Schrift »nach Art des erleuchteten Doktor Taulers« einstufte. Hierzu seine zusammenfassende Charakteristik, mit der er auf die Unterscheidung des alten und des neuen Menschen hinweist. Er nennt die Schrift »Eine deutsche Theologia«, wodurch die von der mittelalterlichen Gelehrsamkeit meist gering geachtete volkssprachliche Gestalt eines Schriftwerkes besonders unterstrichen ist. Gleichzeitig lässt der Herausgeber die mystische Thematik anklingen, indem er von dem Prozess der Erneuerung des Menschen spricht. Daher sein Votum:

Das ist ein geistlich edles Büchlein von rechter Unterscheidung und Verstand, was der alte und der neue Mensch sei, was Adams und was Gottes Kind sei und wie Adam in uns sterben und Christus auferstehen soll.

Und wenn er gleichzeitig auf das mystische Sterben und geistliche Auferwecktwerden hinweist, dann nimmt Luther vorweg, was er ein Jahrzehnt später in seinem Kleinen Katechismus von 1529 nochmals zum Ausdruck bringt. Auf die Frage, was unter der Wassertaufe zu verstehen sei, antwortet er dort, indem er sich wiederum des ihm seit langem vertrauten mystischen Vokabulars bedient:

Es bedeutet, daß der alte Adam in uns durch tägliche Reue und Buße soll ersäufet werden und sterben mit allen Sünden und bösen Lüsten; und wiederum täglich herauskommen und auferstehen ein neuer Mensch, der in Gerechtigkeit und Reinigkeit vor Gott ewiglich lebe.

Bedenkt man, dass es gerade solche Katechismus-Texte gewesen sind, die jahrhundertelang als Grundlage des evangelisch-lutherischen Religionsunterrichts gedient haben, und dass beispielsweise Konfirmanden anhand dieser Texte für den gottesdienstlichen Akt ihrer Aufnahme in die Gemeinde vorbereitet wurden, dann ermisst man etwas von der Bedeutung und der Fernwirkung dessen, was Luther in seiner Anfangszeit aus der Mystik empfangen hat. Auf einem ganz anderen Blatt steht, ob diese einst in der Regel auswendig gelernten Wortlaute je wieder in ihrer zugrunde liegenden Bedeutsamkeit in Erinnerung gebracht worden sind. Denn zweifellos handelt es sich um meditativ zu vergegenwärtigende Texte ...

Was Luthers Erstausgabe der Theologia deutsch betrifft, so ist ferner anzumerken, dass es sich hierbei um seine erste Buchveröffentlichung überhaupt gehandelt hat. Seine Vorlage umfasste zunächst aber nur die Kapitel 7 bis 26. Ihr schickte er ein kurzes Vorwort voraus, in dem er den unbekannten Verfasser gemäß dem Jesus-Wort aus Johannes 1,47 als einen »wahrhaftigen Israeliten« ausweist und damit die einigermaßen »untüchtig« auftretende kleine Schrift dennoch als authentisch und »aus dem Grund des Jordan« stammend deklariert:

44

Eingangs ermahnt dies Büchlein alle, die es lesen und verstehen wollen, sonderlich, diejenigen von heller Vernunft und von sinnreichem Verstande sind, daß sie sich nicht eines voreiligen Urteils befleißigen, denn in etlichen Worten scheint es unbeholfen (untüchtig) oder nach der Weise gewöhnlicher Prediger und Lehrer zu reden. Ja, es schwebt (eben) nicht oben wie Schaum auf dem Wasser, sondern es ist aus dem Grund des Jordans, von einem wahrhaftigen Israeliten erlesen, welches Namen (allein) Gott weiß und wen er ihn wissen lassen will. Denn diesmal ist das Büchlein ohne Titel und ohne Namen gefunden worden. Aber nach ungefährer Einschätzung erinnert der Text an den erleuchteten Doktor Tauler vom Predigerorden. – Nun, wie dem auch sei, wahr ist es: Gründliche Lehre der heiligen Schrift muß (die Menschen) als Narren erscheinen lassen. Sie mögen zu Narren werden, wie der Apostel Paulus im 1. Korintherbrief Kapitel 1 schreibt: Wir predigen Christus, den Heiden eine Torheit, aber eine Weisheit Gottes den Heiligen.[42]

Seinem Freund Spalatin schickt er sogleich diesen seinen jüngsten Fund und legt ihm einen Begleitbrief bei, der unter dem 14. Dezember 1516 datiert ist. In seiner Empfehlung gibt er seinem Erstaunen und seiner Begeisterung Ausdruck, welch eine solide Theologie sich hier darbietet, obwohl der Text nicht in der stolzen lateinischen Gelehrtensprache abgefasst ist:

Wenn es dich freut, eine reine, gediegene Theologie zu lesen, die noch dazu der alten ähnlich ist, wenn sie auch in deutscher Sprache einhergeht, so kannst du dir die Predigten des Johannes Tauler vom Predigerorden verschaffen. Sieh, was ich dir hier schicke, ist all das, was er sagt, (im Vorwort) kurz zusammengefaßt.

Zwei Jahre später (1518) und nachdem inzwischen der spektakuläre Thesenanschlag, insbesondere die Verbreitung der 95 Thesen stattgefunden hat und das Reformationsgeschehen gerade anhebt öffentlich zu werden, kann Luther mit einer vollständigeren Edition seiner Schrift dienen. Ihr stellt er eine ausführlichere Vorrede voran. Daran ist bemerkenswert, dass er den anonymen Frankfurter nochmals mit dem Apostel Paulus in Verbindung bringt. Es ist jener Apostel, dessen Römer- und Galaterbrief er in diesen Jahren als seinen wichtigsten Gewährsmann für sich entdeckt hat. Damit ist die hohe Einschätzung der Theologia deutsch von neuem unterstrichen. Sein Vorwort benutzt er vor allem dazu, das bislang wenig Beachtete, das geringschätzig Behandelte ähnlicher Schriften endlich zu Ehren zu bringen. Denn viel zu lange ist das Büchlein gleichsam »unter der Bank« gelegen. Selbst an einer deutlichen Kritik an manchen »Hochgelehrten« lässt er es nicht fehlen, als dürfte allein das Geltung beanspruchen, was die traditionellen Berühmtheiten in Theologie und Philosophie hervorgebracht haben. Und wenn Luther in diesem Zusammenhang »von uns wittenbergischen Theologen« spricht, so bringt er darin seine solidarische Gesinnung mit jenen zur Geltung, die gleich ihm nicht beliebige Neuerungen einführen wollen, sondern auf solider, somit auf bewährter Lehre fußen.

In der hohen Einschätzung der bislang vergessenen Theologia deutsch geht Luther schließlich so weit, das Büchlein in die Nähe der kanonischen Schriften von Sankt Augustin zu rücken. Diese kräftige Übertreibung nimmt er wohl bewusst in Kauf, um seinem Büchlein aus der Verborgenheit herauszuhelfen und möglichst viele Leser zuzuführen. Er ist begeistert. Es spricht wohl für sich, wenn er sich hierbei zum Fürsprecher mystisch getönter Schriften macht, für deren Entdeckung er eintritt. Es möchten »dieser Büchlein mehr an den Tag kommen«, deren Autoren »deutsche Theologen« sind. Gemeint sind Schriften, die in der Sprache des Volks abgefasst sind, so dass sie jeder lesen und zu Herzen nehmen kann. Im Grunde keimen hier bereits Gedanken auf, die den künftigen Verdeutscher der Schrift bei seiner Bibelübersetzung motiviert haben mögen. Von daher betrachtet lässt er es sich durchaus gefallen, als »deutscher Theologe« betitelt zu werden. Für Luther stellt eine solche Bezeichnung alles andere als eine Abwertung dar. Obwohl ihn der Doktortitel ziert, hält er zu denen, die gemeinhin als geringe Laien missachtet werden.

Wenn der Herausgeber des Büchleins sein Vorwort in eine Leseempfehlung einmünden lässt, dann darf an eine Weisung erinnert werden, die einst Johann von Staupitz den ihm anvertrauten und unterstellten Ordensleuten ins Stammbuch geschrieben hat. So heißt es in einer von ihm formulierten Ordensregel aus dem Jahre 1504, dem Augustiner obliege ein »begieriges Lesen, andächtiges Hören und eifriges Erlernen der Heiligen Schrift«. Damit ist dem protestantischen Schriftprinzip (Sola scriptura) für die Zukunft ein Weg gebahnt.

Man liest, daß Sankt Paulus, von geringer und verächtlicher Person, doch gewaltige und tapfere Briefe schrieb. Und er selbst rühmte sich, daß seine Rede nicht mit geschmückten und verblümten Worten geziert, doch voller Reichtum aller Kunst der Weisheit erfunden ist. Auch so man Gottes Wunder ansieht, ist es klar, daß allezeit zu seinen Worten nicht erwählt sind prächtige und scheinbare Prediger, sondern als geschrieben steht: »Ex ore infantium ... das heißt: Durch den Mund der Unmündigen und Säuglinge hast du aufs beste verkündet dein Lob.« Desgleichen: »Die Weisheit Gottes macht die Zunge der Unmündigen am allerberedesten.«

Wiederum straft er die hochdünkenden Menschen, die an denselben Einfältigen Anstoß nehmen und sich ärgern: »Consilium inopis etc. ... Das ist: Ihr habt verunehrt die guten Räte und Lehren darum, daß sie euch durch arme und unansehnliche Menschen gegeben sind ...« Das sage ich darum, daß ich gewarnt haben will einen jeglichen, der dies Büchlein liest, daß er seinen Schaden nicht verwirke und sich ärgere an dem schlichten Deutsch oder ungefransten, ungekränzten Worten, wenn das edle Büchlein, als arm und ungeschmückt es ist in Worten und menschlicher Weisheit, also und viel mehr reicher und köstlicher ist es in Kunst und göttlicher Weisheit.

Und daß ich nach meinem alten Narren rühme, ist mir näher der Bibel und Sankt Augustin nicht vorkommen ein Buch, daraus ich mehr erlernt habe und will, was Gott, Christus, Mensch und alle Dinge seien. Und ich befinde nun allererst, daß es wahr sei, das etliche Hochgelehrte von uns wittenbergischen Theologen schimpflich reden, als wollten wir neue Dinge vornehmen, gleich als wären nicht vorhin und anderswo auch Leute gewesen. Ja, freilich sind sie gewesen. Aber Gottes Zorn, durch unsere Sünden verwirkt, hat uns nicht lassen würdig sein, dieselben zu sehen oder zu hören. Wenn es am Tage ist, daß in den Universitäten eine lange Zeit solches nicht behandelt, dahin gebracht ist, daß das heilige Wort Gottes nicht allein unter der Bank gelegen, sondern von Staub und Unflat beinahe verwüstet.

Lese dies Büchlein, wer da will, und sage dann, ob die Theologie bei uns neu oder alt sei, denn dieses Buch ist ja nicht neu. Werden aber vielleicht (jene wie vormals) sagen, wir seien deutsche Theologen. Das lassen wir also sein. Ich danke Gott, daß ich in deutscher Zunge meinen Gott also höre und finde, als ich und sie mit mir bisher nicht gefunden haben, weder in lateinischer, griechischer noch hebräischer Zunge.

Gebe Gott, daß dieser Büchlein mehr an den Tag kommen, so werden wir finden, daß die deutschen Theologen ohne Zweifel die besten Theologen sind. Amen.

Doktor Martinus Luther, Augustiner zu Wittenberg[43]

Schlägt man nun die » Theologia deutsch« auf, dann wird sogleich deutlich, dass der mittlerweile eingebürgerte Titel auf kein im heutigen Sinn des Wortes »theologisches« Buch hindeutet. Es handelt sich vielmehr um eine Folge von Betrachtungen, die im Geiste mystischer Frömmigkeit niedergeschrieben sind, und zwar bestimmt durch die immer wieder umkreiste Frage: Wie komme ich zu einem vollkommenen Leben, zu einem Leben in der Gottesgegenwart, zu einem Leben, in dem der »alte Adam« überwunden werden kann. Anders ausgedrückt: Es geht dem Verfasser darum, dass der Mensch sein ursprüngliches aus der Schöpferhand Gottes empfangenes Selbst von neuem findet. Dieses Selbst ist ja durch den Sündenfall Adams verloren gegangen. Was man gemeinhin »Sünde« nennt, das ist letztlich der Ausdruck einer tiefgehenden Selbst-Entfremdung. Hingegen repräsentiert Christus im Sinne von Römer 5, 12 ff. den »neuen Adam«. Der ist zugleich Inbegriff jenes Seins, das durch den Sündenfall zerstört worden ist. So betrachtet zielt die Theologia deutsch im Vollsinn des Wortes auf eine Verwirkung des menschlichen Selbst. Darunter ist die Wiederherstellung des gefallenen Menschenbildes zu verstehen.

In diesem Geist sind die lose aneinander gereihten Betrachtungen abgefasst. Christus steht jeweils im Mittelpunkt. Doch wenn von ihm und von der Christus-Nachfolge die Rede ist, geht es immer auch um die Vervollkommnung – ja um die »Vergottung« – des Menschen. Dabei fällt auf, wie großen Wert der Autor auf die Erfüllung des Willens Gottes legt, jedoch ohne vom Menschen so genannte »gute Werke« als Voraussetzung für die Begnadung mit dem neuen Sein zu verlangen. Die mystische Wiedergeburt – das Sterben des Alten Adam und das Herauskommen und Auferstehen des neuen Menschen – bleibt der menschlichen Willkür und der Machbarkeit entzogen. Für Luther ist dies von entscheidender Wichtigkeit. Das ist auch der Grund, weshalb er dieses Büchlein so hoch einzuschätzen vermochte. Seine Einsicht drückte er seinem Lied »Nun freut euch lieben Christen g'mein« mit den Worten aus:

»Mein gute Werk' die galten nicht,
es war mit ihn'n verdorben;
der frei' Will hasset Gotts Gericht,
er war zum Gut'n erstorben ...«

So stößt man beim Frankfurter immer wieder auf Wortlaute, die die Grundsituation des Menschen im Angesicht Gottes deutlich werden lassen. Es ist der egoverhaftete, sich selbst vermessende und überschätzende Mensch, der sich mit Blick auf seine Gottesbeziehung allerlei Illusionen hingibt. Diese Themen gehören bekanntlich ins Programm des angehenden Reformators, der sich jene Demutstheologie zu eigen machte, indem er sich uneingeschränkt der Gnade Gottes auslieferte. Daher war ihm wichtig, beim Frankfurter zu lesen, ein Wesensmerkmal der Sünde bestehe darin, dass man sich etwas Gutes zumisst, als sei es ein verfügbares Eigentum, auf das man sich etwas einbilden könne. In Wirklichkeit aber liegt eine Abkehr und Absonderung von Gott als dem Grund des Seins vor:

Die Schrift spricht und der Glaube und die Wahrheit auch: Sünde sei nichts anderes, als daß sich die Kreatur abkehrt von dem unwandelbaren Gute und kehrt sich zu dem wandelbaren, das ist: daß sie sich kehret von dem Vollkommenen zu dem Geteilten, Unvollkommenen und allermeist zu sich selber.

Nun merke: Wenn sich die Kreatur etwas Gutes beimißt, es sei Sein, Leben, Wissen, Erkennen, Vermögen, kurz: all das, was man gut nennen mag, und meint, daß sie sei oder daß es das Ihre sei oder ihr gehöre – so oft und viel das geschieht, kehrt sie sich ab.

Was tat der Teufel anders oder was war sein Fall oder Abkehren als daß er annahm, er wäre auch etwas und etwas wäre sein und ihm gehörte auch etwas zu? – Dieses Annehmen und sein Ich und sein Mich, sein Mir und sein Mein, das war sein Abkehren und sein Abfall. Also ist es noch.[44]

...

Wohlan, ich bin hundertmal öfter und tiefer gefallen und (noch) weiter abgekehrt als Adam. Und Adams Fall und sein Abkehren können alle Menschen nicht bessern oder wiederherstellen. Aber wie soll mein Fall gebessert werden?

Er muß gebessert werden wie Adams Fall, und (zwar) von demselben, von dem Adams Fall gebessert wurde, auch in derselben Weise. Von wem und in welcher Weise geschah diese Besserung?

Der Mensch vermöchte nichts ohne Gott; und Gott sollte nichts ohne den Menschen! Darum nahm Gott menschliche Natur oder die Menschheit an sich und wurde vermenschlicht, und der Mensch wurde vergöttlicht. Da(durch) geschah die Besserung. Ebenso muß auch mein Fall gebessert werden.

Ich vermag es nicht ohne Gott, und Gott soll oder will es nicht ohne mich. Denn soll es geschehen, so muß auch in mir vermenschlicht werden, (und zwar) so daß Gott an sich nehme alles das, was in mir ist, von innen wie von außen, daß nichts in mir sei, das Gott widerstrebe oder seine Werke hindere. Wenn Gott alle Menschen an sich nähme, die da sind und die je waren, und wenn er in ihnen vermenschlicht würde und sie in ihm vergottet, und geschähe es nicht auch an mir, so würde mein Fall und mein Abkehren nimmer gebessert, es geschähe denn auch in mir.

Und zu dieser Wiederherstellung und Besserung kann und mag und soll ich nichts dazutun als ein bloßes, lauteres Erleiden, also daß Gott allein alle Dinge in mir tue und wirke, und ich erleide ihn und alle seine Werke und seinen göttlichen Willen.

Aber wenn ich das nicht erleiden will, sondern mich besitze mit Eigenschaft (bzw. Eigenwillen), nämlich mein Mein und Ich, Mir, Mich und desgleichen, so hindert das Gott, daß er nicht lauter, allein und ohne alles Hindernis in mir sein Werk wirken kann. So bleibt darum auch mein Fall und mein Abkehren ungebessert. Siehe, so tut alles mein Annehmen (meine Ichbezogenheit).[45]

Gott spricht: Ich will meine Ehre niemandem geben. – Damit meint er, daß Lob, Ehre und Würde niemand zugehöre denn Gott allein ... Denn alles das, was man für gut hält oder gut nennen soll, das gehört niemandem zu als allein dem ewigen, wahren Gut, das Gott allein ist. Und wer sich dessen annimmt (d.h. es beansprucht), der tut unrecht und (handelt) wider Gott.[46]

Etliche Menschen sprechen, man solle weiselos, willenlos, lieblos, begierdelos, erkenntnislos und desgleichen werden. Das ist nicht so zu verstehen, daß in dem Menschen keine Erkenntnis sein soll und daß Gott in ihm nicht geliebt, gewollt und begehrt werden und gelobt oder geehrt werden; denn das wäre ein gar großes Gebrechen, und der Mensch wäre gleich dem Dieh und wie ein unvernünftiges Tier. Sondern es soll dazu kommen, daß des Menschen Erkenntnis also gar lauter und vollkommen sei ... Also ist es auch mit dem Willen und der Liebe, mit dem Begehren und desgleichen. Je weniger man sich ihrer annimmt (d.h. je weniger man sie beansprucht), desto edler, lauterer und göttlicher werden sie. Je mehr man sich ihrer annimmt, desto gröber, vermengter und unvollkommener werden sie.

Sieh, also soll man aller Dinge ledig und los werden hinsichtlich des Annehmens bzw. des Anmaßens. Wenn man dann der Dinge los wird, so ist es die beste, vollkommendste, lauterste und edelste Erkenntnis, die in dem Menschen immer sein kann, auch die alleredelste und lauterste Liebe, Wille und Begehrung. Denn dies gehört dann alles Gott allein. Es ist viel besser Gottes als der Kreatur eigen.

Daß ich mir etwas Gutes anmaße, also daß ich es sei, daß ich es getan habe, daß ich es wisse, könne und vermöge oder daß es mein sei, das kommt alles aus Gebrechen und Torheit. Denn wäre die rechte Wahrheit in mir erkannt, so würde auch erkannt, daß ich es nicht bin oder daß es nicht mein ist und von mir nicht ist und daß ich davon nichts weiß und es nicht kann oder vermag und desgleichen.[47]

Nun soll man merken: Wo erleuchtete Menschen sind mit dem wahren Licht (erleuchtet), so erkennen sie, daß alles, was sie begehren oder erwählen mögen, nichts gegenüber dem ist, das von allen Kreaturen als Kreatur je begehrt oder erwählt oder erkannt wurde. Darum lassen sie alles Begehren und Erwählen und Befehlen und lassen sich und alle Dinge dem ewigen Gute.

Doch bleibt in ihnen ein Begehren, sich selbst zu einer Förderung und Annäherung zu dem ewigen Gut, das ist: zu einer näheren Erkenntnis und brennenden Liebe und klaren Behaglichkeit und ganzem Gehorsam und Untertänigkeit, so daß ein jeglicher erleuchteter Mensch sprechen mag: Ich wäre gern dem eigen Gute (so eng verbunden), wie dem Menschen seine eigene Hand ist; und (er mag) fürchten alle Zeit, daß sie dem nicht genug seien, und begehren auch aller Menschen Seligkeit.

Und diesem Begehren stehen sie ganz ledig und maßen sich ihrer nicht an, denn die Menschen erkennen wohl, daß dieses Begehren nicht des Menschen ist, sondern der ewigen Güte ...

Es stehen auch diese Menschen in einer Freiheit, so daß sie verloren haben die Furcht (vor) der Pein oder (vor) der Hölle und Hoffnung des Lohnes oder des Himmelreichs. Vielmehr leben sie in lauterer Untertänigkeit und Gehorsam der ewigen Güter, in ganzer Freiheit inbrünstiger Liebe. Das ist in Christus gewesen in Vollkommenheit und auch in seinen Nachfolgern, in dem einen mehr und in dem andern minder.[48]

Der alte Mensch, das ist Adam und Ungehorsam, Selbstheit und desgleichen. Aber der neue Mensch ist Christus und der wahre Gehorsam, ein Entäußern und Verleugnen seiner selbst, aller zeitlichen Dinge und allein die Ehre Gottes suchen in allen Dingen. Und wenn man spricht von Sterben, Verderben und desgleichen, so meint man, daß der alte Mensch sollte zunichte werden und das Seine nicht suchen, weder in Geist noch in Natur.

Denn wo das geschieht in einem wahren, göttlichen Licht, da wird der neue Mensch wiedergeboren. Man spricht auch, der Mensch sollte an sich selber sterben ... Sieh, wo der alte Mensch stirbt und der neue geboren wird, da geschieht die zweite Geburt, davon Christus sprach: Werdet ihr nicht zum zweiten Mal geboren, so kommt ihr nicht in das Reich Gottes. – Auch spricht Sankt Paulus: gleichwie alle Menschen in Adam ersterben, so werden sie in Christus wieder lebendig.[49]

Christus spricht: Niemand kommt zum Vater, denn durch mich.

Nun merke, wie man durch Christus zu dem Vater kommen soll. Der Mensch soll wahrnehmen seiner selbst und alles des Seinen von innen und von außen, und soll sich so halten und bewahren – soviel es möglich ist – daß in ihm von innen immer kein Wille noch Begehren, Liebe oder Lust, Meinung oder Gedanke entstehe oder bleibe anders, als es Gott zugehöre und wohl geziemt, wenn Gott selber der Mensch wäre. Und wo man gewahr wird, daß sich anderes erhebt, das Gott nicht zugehört und Gott nicht wohl geziemt, dem soll man widerstehen und soll das vertilgen, so bald und schnell man kann.

Und dasselbe soll auch sein von außen an Tun und Lassen, an Reden, an Schweigen, an Wachen, an Schlafen, an Gehen, an Stehen und kurz: an aller Weise und allem Wandel, die der Mensch gegen sich hat und mit sich selber und gegen andere und mit anderen Leuten, daß dies alles behütet sei, daß etwas anderes geschehe oder daß sich der Mensch zu etwas anderm kehre oder anderm etwas in sich gestatte, aufzustehen oder zu bleiben von innen und von außen, oder in ihm oder durch ihn geschehe anders, als es Gott wohl zugehört und wohl möglich und ziemlich wäre, wenn Gott selber der Mensch wäre.

Und wer dies Leben hätte, der ginge und käme durch Christus, denn er wäre Christi Nachfolger. Darum käme er auch mit Christus zu dem Vater und durch Christus, und er wäre auch ein wahrer Diener Christi. Denn wer ihm nachfolgt – wie er selbst spricht: Wer mir dienen will, der folge mir nach! Als wenn er spräche: Wer mir nicht folgt, der dient mir auch nicht – und wer Christus so nachfolgt und ihm dient, der kommt dahin, da Christus ist, das ist zu dem Vater.

...

Sieh, nun merke, ob man in ungeordneter Freiheit und Ungebundenheit und Unachtsamkeit, in Tugend und Untugend, Ordnung und Unordnung und dergleichen, wie ihr wohl merkt, ob man so den rechten Weg oder zu der rechten Tür eingeht oder nicht! Diese Unachtsamkeit ist nicht in Christus gewesen. Sie ist auch nicht in einem seiner wahren Nachfolger.[50]

Daß wir uns selbst also verleugnen und aufgeben und alle Dinge durch Gott lassen und unseren eigenen Willen also können aufgeben und ihm ersterben und allein Gott und seinem Willen leben, das helfe uns der, der seinen Willen seinem himmlischen Vater gegeben hat, der da lebt und herrscht mit Gott dem Vater, in Einigkeit des Heiligen Geistes, in vollkommener Dreifaltigkeit ewiglich. Amen.[51]

Das Vaterunser geistlich beten

In der Fastenzeit des für den Einstieg in die Reformation so entscheidenden Jahres 1517 wandte sich Luther mit fortlaufenden Auslegungen des Vaterunsers an seine Wittenberger Hörergemeinde. Er wollte »einfältigen«, also theologisch ungebildeten Laien eine Einführung in das Gebet des Herrn geben, das er selbst im Laufe seines Lebens immer wieder in Wort und Schrift behandelt hat. Man denke nur an die beiden Katechismen, in denen er zu diesem »Hauptstück« entsprechende Erläuterungen abgefasst hat. Auch auf manche individuelle seelsorgerliche Hilfe ließe sich hinweisen, wenn Luther bestimmten Einzelpersonen Ratschläge gab, wie sie ihr Gebetsleben gestalten können, etwa seinem Freund, dem Barbier Peter Beskendorf, dem er »Eine einfältige Weise zu beten« (1535) widmete.

Wenn er aus gegebenem Anlass zunächst seinem Schüler Johann Schneider (genannt Agricola) widersprach, als dieser Nachschriften seiner Auslegungen anfertigte und unter die Leute brachte, so stimmte er wenige Jahre später (1519) nicht nur einer Veröffentlichung zu, sondern ergriff selbst hierzu die Initiative. Sein Text »Auslegung deutsch des Vaterunsers für die einfältigen Laien« fand denn auch starke Beachtung. Zu Wort kommt darin der Beter, der sich der Doppelgestalt des Vaterunsers bewusst ist, insofern es in der Stille und in Gemeinschaft gebetet werden kann.

Im Text[52] selbst legte er großen Wert auf die Art und Weise des rechten Betens, also auf den täglich zu übenden praktischen Vollzug. Dabei kommt er auf den nach innen gerichteten, den mystischen Aspekt des Vaterunser-Betens zu sprechen und auf das äußere Beten. In seiner Vorrede geht er darauf ein, wie beide Gebetsweisen aufeinander bezogen sind, die äußere, leibhafte und die innerlich-geistliche. Dabei wird einmal mehr deutlich, wie wichtig ihm auch das laute Beten war. Es entsprach seinem ganz persönlichen Bedürfnis. Nie war er daher bereit, über der frommen Innerlichkeit, auf das gesprochene Wort zu verzichten, geht es doch darum, den Vater im Himmel, unseren Vater, vertrauensvoll anzureden, »wie die lieben Kinder ihren lieben Vater«.

»Vater unser, der du bist in dem Himmel, geheiligt werden dein Name ...«

Die Weise ist, daß man wenig Worte mache, aber viele und tiefe Meinungen oder Sinnen. Je weniger Worte, je besser Gebet; je mehr Worte, je ärger Gebet. Wenig Worte und viel Meinung ist christlich, viele Worte und wenig Meinung ist heidnisch. Darum spricht er: »Ihr sollt nicht viel reden, wenn ihr betet, wie die Heiden.« Desgleichen Joh. 4,24 zu der heidnischen Frau sprach er: »Wer Gott will anbeten, der muß in dem Geist und in der Wahrheit anbeten.« Denn solche Anbeter suchet der Vater.

Nun, »in dem Geist beten« oder »geistlich« beten, ist gegenüber dem leiblichen Gebet also genannt, und beten in der Wahrheit gegenüber dem Gebet in dem Scheine genannt; denn das Gebet »im Schein« und »leiblich« ist das äußerliche Murmeln und Plappern mit dem Munde ohne alle (Be)Acht(ung). Denn das scheinet vor den Leuten und geschieht mit dem leiblichen Munde

58

und nicht wahrhaftig. Aber das geistlich und wahrhaftige Gebet
ist das innerliche Begehren, Seufzen und Verlangen aus des
Herzens Grund. Das erste macht Heuchler und falsch, sichere
Geister. Das andere macht Heilige und furchtsame (d.h. gottes-
fürchtige) Kinder Gottes. Doch ist hier zu merken ein Unterschied;
denn das äußerliche Gebet geschieht auf dreierlei Weise ...[53]

Auf den ersten Blick erscheint Luthers Darlegung missver-
ständlich, weil er selbst dem Beten, das nur »mit dem
Munde ohne Andacht gesprochen« eine gewisse Berechtigung zubilligt. Dem steht das Wort Jesu entgegen, mit dem
er das bloße Plappern wie das der Heiden getadelt hat.
Ohne seine eigene Deutung zu entkräften, bildet sich Luther die Meinung, dass eine Übung des Gebets aus Gehorsam gegenüber Gott einen gewissen Eigenwert beanspruchen könne. Luthers Argument lautet:

Denn so viel unaussprechlicher Gnade ist dem Wort Gottes, daß
auch mit dem Munde ohne Andacht gesprochen, in Gehorsamsmei-
nung, ein fruchtbares Gebet ist und dem Teufel wehe tut.

Damit ist offensichtlich auf die Gültigkeit hingewiesen, die
das religiöse Brauchtum hat, wenngleich man hier nicht
stehen bleiben sollte. Dass pure Oberflächlichkeit oder
dergleichen keine gültige Weise des Betens darstellt, muss
nicht eigens betont werden. Sehr viel größeres Gewicht
misst er jener dritten Art bei, wenn das Gebet aus der
Sphäre der Andacht entsteht und den Bereich der »leicht
gesagten Worte« (Ina Seidel) hinter sich lässt. Da wird
Mystik im Vollsinn des Wortes Ereignis, und zwar ein

Ereignis, das selbst als (letztlich von Gott her) gesprochenes[54] und vom Menschen gehörtes Wort. Betreten wird der Raum des Schweigens. Nicht die Lippen, sondern das Herz wird »bewegt«. Nicht anders verdeutschte Luther die meditative Haltung der Maria, von der nach den Begebenheiten der Weihnachtsgeschichte gesagt ist: »Maria aber behielt alle diese Worte und *bewegte* sie in ihrem Herzen« (Luk. 2,19). Oder in unserem Zusammenhang auf das Vaterunser angewendet.

Da wird der Schein in die Wahrheit gezogen und das Äußerliche in das Innerliche. Ja, die inwendige Wahrheit bricht heraus und leuchtet in dem äußerlichen Schein. Aber es ist nicht möglich, daß der viele Worte mache, der geistlich und gründlich betet; denn die Seele, wenn sie gewahr wird, was sie spricht, und in derselben Betrachtung auf die Worte und Sinne denkt, muß sie die Worte fahren lassen und dem Sinne anhangen; oder wiederum: dem Sinn muß sie entfallen und den Worten nachdenken. Darum sind solche mündliche Gebete nicht weiter anzunehmen denn als eine Anreizung und Bewegung der Seele, daß sie dem Sinn und den Begierden (Strebungen) nachdenke, die die Worte anzeigen ...

Auch sind etliche Psalmen mit dem Wörtlein › Sela‹ – das ist › Ruhe‹ – unterschieden, und wird weder gelesen noch gesungen, um zu vermahnen, daß wo eine besondere Stelle sich zeiget im Gebet, daß man da stille halte und ruhe, die Bedeutung wohl zu betrachten und die Worte so lange fahren zu lassen.[55]

Für Luther stellt auch gemäß der biblischen Tradition das Herz den Ort und das Organ dar, wo bzw. mit dem sich dieses Innewerden ereignet. Deshalb betont er hier, das Vaterunser solle wie jedes Gebet »aus Herzens Grund«

aufsteigen; ein »herzliches Sehnen« solle den Beter erfüllen, damit der aus der eigenen Tiefe und aus der Mitte seines Wesens der Gegenwart Gottes gewiss werde. »Der Mensch sieht, was vor Augen ist; Gott aber sieht das Herz an.« Wer dagegen in der Kirche nur die »Paternosterkörner«, d.h. die Perlen des Rosenkranzes zählt und damit geräuschvoll klappert, dessen Herz ist »weit von dem entfernt«, den er anzureden vorgibt.

Wer also betet, der steht mit einem richtigen, aufgehobenen Herzen zu Gott und ist geschickt zu bitten und zu bewegen Gottes Gnade. Und ist dies ein hohes Wort, daß nicht möglich ist, es aus des Menschen Natur zu reden, es sei denn der Geist Christi im Herzen.[56]

...

Also beschließen alle Lehrer der Schrift, daß das Wesen und die Natur des Gebets sei nichts anderes denn eine Aufhebung (Erhebung) des Gemüts oder des Herzens zu Gott. Ist aber die Natur und Art des Gebets des Herzens Aufhebung, so folget (daraus), daß alles andere, was nicht des Herzens Erhebung ist, (auch) nicht Gebet ist.[57]

Diese hohe Einschätzung des innerlichen Vollzugs bedarf aber auch einer Absicherung gegen Illusion und Selbsttäuschung. Nicht jeder, der sich auf seine mystisch-meditative Haltung etwas zugute halten möchte, bringt die hierfür erforderlichen Voraussetzungen mit. Denn jeder im spirituellen Leben, in Gebet und Meditation Erfahrene weiß, wie rasch sich irritierende Gedankenbilder, Assoziationen und Vorstellungen, Ängste und Hoffnungen unversehens einstellen und die Konzentration schlagartig zunichte machen können. Daher Luthers Mahnung zur Nüchternheit und Wachsamkeit, auch zur realistischen Einschätzung des oft allzu begrenzten Vermögens, die gebotene Achtsamkeit aufrecht zu erhalten. Diese Fähigkeit wird – zumindest bis zu einem gewissen Grad – durch beharrliche Übung erlernt und gefestigt. Von Natur aus ist das Herz dazu jedoch nicht hinreichend befähigt. Dafür muss es erst vorbereitet werden. So gesehen liegt ein nicht geringer praktischer Wert darin, die jeweiligen Gebetsworte auch in ihrer laut- und leibhaften Gestalt vor sich – wie in sich – zu haben, damit man sich ihrer als einer Stütze bedienen kann. Hilfreich sei es, daß man sich auf diese Weise der Wortgestalt eines Gebets bedient. Das sei im Grunde auch das »Amt«, also Aufgabe und Funktion der wörtlichen Formulierung. Als solches sei es nicht zu verachten.

Ja, es soll niemand sich auf sein Herz verlassen, daß er ohne Worte wollte beten, er sei denn wohl geübt im Geist und habe Erfahrung, die fremden Gedanken auszuschlagen (zurückzuhalten bzw. auszulöschen). Sonst wird ihn der Teufel gar und ganz verführen und sein Gebet im Herzen bald zerstören. Darum soll man sich an die Worte halten und an denselben aufsteigen, solange bis (einem) die Federn wachsen, daß man fliegen kann – ohne Worte. Denn das mündliche Gebet oder die Worte verwerf ich nicht, soll auch niemand verwerfen, ja mit großem Dank annehmen als sonderliche, große Gottesgaben. Aber das ist zu verwerfen, daß man die Worte nicht zu ihrem Amt und Frucht gebraucht, nämlich das Herz zu bewegen, sondern in falscher Zuversicht sich verläßt darauf, daß man sie mit dem Mund nur gemurmelt oder geplappert hat ohne alle Frucht und Besserung, ja zur Verschlechterung des Herzens.

Auch hüte sich ein jeder, wenn er nun neben den Worten oder sonst ein Fünklein empfänget und Andacht fühlet, daß er nicht der alten Schlange Gift, das ist der mörderischen Hoffart folge, die da spricht: Ach, ich bete nun mit dem Herzen und Mund und habe solche (vorzügliche) Andacht, daß ich meine, es werde schwerlich sein ein anderer, der es so gut macht wie ich; denn diese Gedanken hat dir der Teufel eingegeben, und du wirst damit ärger denn alle die, die da nicht beten. Ja, es ist nicht weit von Gotteslästerung und Verfluchung, ein solcher Gedanke entfernt. Denn nicht dich, sondern Gott sollst du loben in allem Guten, das du fühlest oder (angeblich) hast.[58]

...

(Allein) Gottes Wort und Verheißung macht dein Gebet gut, nicht deine Andacht. Denn derselbe Glaube, auf seine Worte gegründet, ist auch die rechte Andacht, ohne welche alle anderen Andacht lauter Trügerei und Irrtum ist.[59]

Resolutionen zu den 95 Thesen

Zwischen der ersten und zweiten Ausgabe der Theologia deutsch (1516 bzw. 1518) kam es zur Veröffentlichung der spektakulären 95 Thesen, geschehen am Tag vor Allerheiligen, dem 31. Oktober 1517. Durch sie und durch die in diesem Zusammenhang erfolgten Aktionen wurde die Reformation eingeleitet. Luther ging es hierbei speziell darum, die Frage der kirchlich verordneten Ablässe einer kritischen Überprüfung zu unterziehen und den in Deutschland gerade auf hohen Touren laufenden Ablasshandel zumindest im Bereich der Zuständigkeit seines Landesherrn und Bischofs zu unterbinden. Diese Kritik war für ihn durchaus eine vorwiegend theologische Angelegenheit. Deshalb waren die ursprünglich lateinisch abgefassten Thesen an die Theologen gerichtet. Das allgemeine Interesse erwies sich jedoch als so groß, dass der Wortlaut alsbald ins Deutsche übertragen und an mehreren Orten im Druck erschien.

Es entsprach dem Bestreben des Wittenberger Professors, seine Anregungen zur Diskussion auf eine solide theologische Basis zu stellen. Deshalb ergänzte er seine Thesen durch eine ebenso gründliche wie umfangreiche Erläuterung, betitelt: »Resolutionen oder Erklärung und Beweis der Thesen von der Kraft der Ablässe«,[60] ein Text, der gegenüber der ursprünglichen Vorlage manche Variationen aufweist.

Wenn er die durchgehende Besprechung aller 95 Thesen darin abschließend etwas geringschätzig als die Erörterung »kunstloser und barbarischer Dinge« bezeichnet, so verdient doch hervorgehoben zu werden, aus welchem Geist der Verfasser zu seinen Lesern spricht. Wer angesichts von Fragen des kirchlichen Ablasses lediglich die Korrektur von Rechtspositionen erwartet, den konfrontiert Luther mit elementaren Fragen des christlichen Glaubens, wie dies bereits in der ersten These zum Ausdruck kommt. Dabei tritt das Motiv der mystischen Verinnerlichung freilich in den Hintergrund. Unverkennbar ist jedoch, dass hier derselbe Luther spricht, auf den die »deutsche Theologie« in dieser Zeit großen Eindruck gemacht hat. Zunächst die erste der ursprünglichen Thesen, an die sich die Resolutionen anschließen:

Wenn unser Herr und Meister Jesus Christus sagt: Tut Buße! – so will er, dass das ganze Leben der Gläubigen auf Erden eine stete Buße sein soll.

Diesen »Schluss« behauptet er nicht nur, er zweifelt auch nicht daran, sondern bemüht sich, ihn »wenigstens um der Ungelehrten willen« Wort für Wort zu beweisen. Bezeichnend ist nun, wie sich Luther um eine spirituelle Grundlegung seiner Erklärung bemüht. Sein »Beweis« richtet sich nach zwei Gesichtspunkten:

Erstens nach dem griechischen Worte selbst: › metanoeite ‹, das heißt: › tut Buße ‹, was in dem allerstrengsten Sinne übersetzt werden kann mit › transmentamini ‹, das heißt, zieht einen andern Geist und Sinn an, werdet klug, geht von eurem bisherigen Sinn ab und nehmt eine andere Gestalt des Geistes an, damit ihr nämlich

nunmehr himmlisch gesinnt seid, die ihr bisher irdisch gesinnt
waret, was der Apostel Röm. 12,2 nennt: › Verändert euch durch
die Erneuerung eures Sinnes.‹

...

Deshalb beweise ich eben diesen Satz zweitens auch mit einem
vernünftigen Grunde. Weil Christus ein Lehrer des Geistes ist und
nicht des Buchstabens und › seine Worte Geist und Leben sind‹,
so folgt daraus notwendig, dass er eine solche Buße lehrt, die
im Geist und in der Wahrheit geschieht, nicht aber eine solche,
die äußerlich auch die hochmütigsten Heuchler leisten können, die
beim Fasten ihr Gesicht verstellen.

Dass er ein betont christozentrischer Denker ist, darüber
lässt bereits der Thesenautor keinen Zweifel aufkommen.
»Die Sache steht in der Hand dessen, der so deutlich sagen
darf: »Es kann sie niemand aus meiner Hand reißen« (Joh.
10,28). Luther schrieb dies an die Mitstreiter in der evan-
gelischen Sache auf dem Augsburger Reichstag von 1530.
Diese Christozentrik tritt in unserem Zusammenhang insbesondere in der 37. These deutlich hervor. In der daran
anschließenden Erläuterung führt er dies näher aus. Zunächst die These, in der er die Teilhabe an dem lebendigen
Christus und an seinen Geistesgaben, die das Christsein
eines jeden Christen konstituiert fordert:

»Ein jeder wahrhaftiger Christ, er sei lebend oder tot, ist teilhaftig
aller geistlichen Güter Christi und der Kirche durch Gottes Geschenk, auch ohne Ablassbriefe.«
    Es ist unmöglich, ein Christ zu sein, wenn man Christum nicht
hat. Hat man aber Christum, so hat man auch zugleich alles, was
Christi ist. Denn so sagt der heilige Apostel Röm. 13,14: › Ziehet

an den Herrn Jesum Christum.‹ Und Röm. 8,32: ›Wie sollte er uns mit ihm nicht alles schenken‹?[61]

Die hier besprochene Teilhabe ist Teilhabe an dem Mysterium, das der Christus verkörpert. Wenn die christliche Mystik seit alters das Hohelied Salomos allegorisch ausgelegt hat, um damit die mystische Dimension der innigen Verbundenheit zwischen Braut und Bräutigam in Bildern glühender Erotik bzw. der Heiligen Hochzeit[62] zur Sprache zu bringen, dann darf es als überaus bedeutsam angesehen werden, dass Luther im anschließenden Wortlaut dieser Resolution zur 37. These ein Wort jenes alttestamentlichen Hohenliedes mit einer neutestamentlichen Entsprechung zusammenfügt, in der von dem Christus-Mysterium (Eph. 5,32) die Rede ist. Es ist eine der verhältnismäßig wenigen Stellen, an denen Luther – ähnlich wie vor ihm der von ihm hoch geschätzte Bernhard von Clairvaux in seinen Hohelied-Predigten – realiter auf die mystische Vereinigung mit Christus (unio mystica) zu sprechen kommt. Dem tut wohl keinen Abbruch, dass manche Interpreten der Mystik im Leben und in der Frömmigkeit Martin Luthers solche Äußerungen in einem anderen, gerade »nichtmystischen« Kontext verstehen möchten.

Und im Hohenlied (heißt es): ›Mein Freund ist mein und ich bin sein‹; weil durch den Glauben an Christum der Christ ein Leib wird mit Christo. Denn ›es werden die zwei ein Fleisch sein. Das Geheimnis (griech. ›mysterion‹) ist groß; ich sage aber von Christo und der Gemeinde.‹

Da nun so der Geist Christi in den Christen ist, durch den sie Christi Brüder, Miterben, ein Leib mit ihm und seine Bürger werden, wie sollte da nicht eine Gemeinschaft aller Güter Christi bestehen? Denn auch Christus hat von demselben Geiste all das Seinige. Also geschieht es durch den unschätzbaren Reichtum der Barmherzigkeit Gottes des Vaters, dass sich ein Christ rühmen und mit Zuversicht alles in Christo sich aneignen kann, nämlich, dass Christi Gerechtigkeit, Kraft, Geduld, Demut und alle seine Verdienste auch sein eigen sind vermöge der Einheit des Geistes im Glauben an ihn.

...

Wenn aber nun diese liebliche Gemeinschaft und diese wohltätige Wechselbeziehung nur eintritt durch den Glauben, diesen aber der Mensch nicht geben noch nehmen kann, so ist es, glaube ich, klar genug, dass durch die Kraft der Schlüsselgewalt oder durch die Wohltat der Ablassbriefe diese Gemeinschaft nicht erteilt wird; sondern vielmehr vor ihnen und ohne sie wird sie von Gott allein verliehen wie die Vergebung vor der Vergebung, die Absolution vor der Absolution, so auch die Gemeinschaft vor der Gemeinschaft.

Aber nicht nur eine »wohltätige Wechselwirkung« in der Gottesbegegnung hat Luther zu bezeugen. Einmal kommt er auf Erlebnisse zu sprechen, die ihn – ähnlich wie den Apostel Paulus (2. Kor. 12) – aus dem Tagesbewusstsein gewaltsam herausrissen (raptus). Im Gegensatz zu ihm handelte es sich bei Luther freilich nicht um ein seliges Erhobensein in die oberen Sphären des Himmels. Er hatte vielmehr Qualen der Gottesfinsternis durchzustehen, die Konfrontation mit dem Dunkelaspekt der Gottheit.[63] Von diesen erschütternden Innenerfahrungen her sind sodann seine Meditationen des Leidens Christi zu verstehen, ebenso seine Kreuzestheologie als solche. Es ist der Autor selbst, der hier von »einem Menschen« spricht, obwohl es sich wie bei jeder tiefen mystischen Ergriffenheit um Unsagbares und Unbeschreibliches handelt.

Auch »ich kenne einen Menschen«, der versichert hat, der habe diese Strafen öfters erlitten. Sie hätten zwar nur sehr kurze Zeit gedauert, sie wären aber so schwer und so höllisch gewesen, dass ihre Gewalt keine Zunge aussprechen, keine Feder beschreiben, noch jemand, der es nicht erfahren, glauben könne; so dass, wenn sie ihren höchsten Grad erreichen oder eine halbe Stunde, ja nur den zehnten Teil einer Stunde anhalten würden, so müsste er gänzlich zugrunde gehen und alle seine Gebeine würden in Asche verwandelt werden. Hier erscheint Gott schrecklich zornig und mit ihm zugleich die gesamte Schöpfung ... In solchem Augenblick kann die Seele nicht glauben, dass sie jemals erlöst werden könne ... Es bleibt ihr nur das bloße Verlangen nach Hilfe und ein erschütterndes Seufzen übrig, aber sie weiß nicht, woher sie Hilfe nehmen soll. Hier ist die Seele (am Kreuz) mit Christus weit ausgespannt.[64]

Es ist die Kreuzesmystik des Apostels Paulus, auf die hier angespielt ist, wenn dieser Gal. 2,19 f. von sich selbst bezeugt, mit Christus gekreuzigt zu sein und – was das Entscheidende ist – in diesem Christus zu leben. Darin, in diesem mystischen mit Christus-Sterben und mit diesem Christus-Leben gründet der Glaube, in dem Luthers Christsein verankert ist. Oder um es mit Paul Schwarzenau auszudrücken, der Begriffe der archetypischen Psychologie C.G. Jungs als Verständnishilfen heranzieht: »Das Ergriffensein von der Christusgestalt als einem Geschehen aus der Tiefe, darin der eigentliche, zu seiner Bestimmung gelangte Mensch aufleuchtet, nennt Luther Glauben. Es leuchtet Mal um Mal in diesem Mitgekreuzigtsein so etwas wie eine Identität des Menschen mit dem Christus-Archetyp auf, die dann aber doch auch wieder, damit der Mensch nicht inflationär werde, in Frage gestellt wird. Es ist Gott selbst, der den Glauben angreift, den Menschen immer neu in tiefen Zweifel, Angst und Anfechtung hineinwirft... Glaube, so müssen wir nun sagen, ist nach Luther nicht nur das Ergriffensein des Menschen von der Christusgestalt als eigentlicher Bestimmung des Menschen, sondern auch das Ausstehen des Dunkels, darin Gott als Feind des Glaubens und Feind Christi erscheint.«[65]

Mit dem Mysterium, die die Licht- wie die Dunkelseite Gottes, den offenbaren und den bis zur Unkenntlichkeit fremden Gott hat Luther lebenslang gerungen. Deshalb trat er der Verharmlosung des »Ganzanderen«, d.h. des verborgenen Gottes und der Verflachung der Gnade Gottes in seiner – nicht nur gegen Erasmus von Rotterdam gerichteten – Schrift „De servo arbitrio« (Vom geknechteten Willen) temperamentvoll entgegen. Von daher dürfte Luthers Mystikverständnis in mancher Hinsicht erhellt werden. Es kann sich dabei nicht um eine rationale Erhellung handeln, wohl aber um das von Luther gemeinte, von ihm in peinigender Weise erlittene Verständnis, das von ihm als eine Höllenstrafe empfunden worden ist, die sich jeder zureichenden Beschreibung entzieht.

Die Propheten..., welche geglaubt haben, dass Gott sei, sind... hinsichtlich der Ungerechtigkeit Gottes versucht worden, wie Jeremia, Hiob, David, Asaph und andere. Was, meinst du, haben Demosthenes und Cicero gedacht, wenn sie alles, was sie vermochten, ausgeführt hatten, und ihnen so schlecht gelohnt wurde, dass sie elend untergingen? Und dennoch wird diese Ungerechtigkeit Gottes, die höchst wahrscheinlich ist und mit solchen Argumenten vorgetragen wird, denen keine Vernunft oder Licht der Natur widerstehen kann, sehr leicht durch das Licht des Evangeliums und die Kenntnis der Gnade aufgehoben, durch welche wir gelehrt werden, dass die Gottlosen wohl leiblich in Blüte stehen, an der Seele aber zugrunde gerichtet werden. Und es gibt für diese ganze unlösbare Frage diese kurze Lösung mit einem Wörtlein, nämlich: Es ist ein Leben nach diesem Leben, in welchem alles, was hier nicht bestraft und belohnt wird, dort bestraft und belohnt wird, da dieses Leben nichts als der Vorläufer oder vielmehr der Anfang des zukünftigen Lebens ist.

Wenn also das Licht des Evangeliums, das allein im Wort und im Glauben kräftig ist, so Großes zuwege bringt und geschlichtet werden kann, was meinst du, wird wohl dann sein, wenn das Licht des Wortes und des Glaubens zurücktritt und die Sache selbst und die göttliche Majestät durch sich selbst wird offenbar? Oder glaubst du nicht, dass dann das Licht der Herrlichkeit die Frage, welche im Licht des Wortes oder der Gnade unlösbar ist, gar sehr leicht lösen kann, da das Licht der Gnade die im Licht der Natur unlösbare Frage so leicht gelöst hat?

Setze mir dreierlei Licht: das Licht der Natur (lumen naturae), das Licht der Gnade (lumen gratiae), das Licht der Herrlichkeit (lumen gloriae), wie es eine allgemein bekannte und gute Unterscheidung hält. Im Licht der Natur ist es unlösbar, dass das gerecht ist, wenn das Gute heimgesucht wird und es dem Bösen gut geht. Aber das löst das Licht der Gnade. Im Lichte der Gnade

ist es unlösbar, wie Gott den verdammen mag, der aus irgendwelchen eigenen Kräften nicht anders tun kann als sündigen und
schuldig werden. Hier sagt das Licht der Natur wie das Licht der
Gnade, es sei Schuld nicht des elenden Menschen, sondern des
ungerechten Gottes, denn sie können nicht anders über Gott
urteilen, der den gottlosen Menschen umsonst ohne Verdienst
krönt und einen andern, der vielleicht weniger oder wenigstens
nicht mehr gottlos ist, nicht krönt, sondern verdammt. Aber das
Licht der Herrlichkeit sagt etwas anderes und wird zeigen, dass
Gott, dessen Gericht eben noch eine unbegreifliche Gerechtigkeit
ist, nur, dass wir inzwischen das glauben sollen, gemahnt und
gefestigt durch das Beispiel des Lichtes der Gnade, welches ein
ähnliches Wunder beim natürlichen Licht vollbringt.[66]

Eyn sermon von der

betrachtūg des heyligen leydens christi.
Doctoris Martin Luther Augustiner zu Wittenbergk.

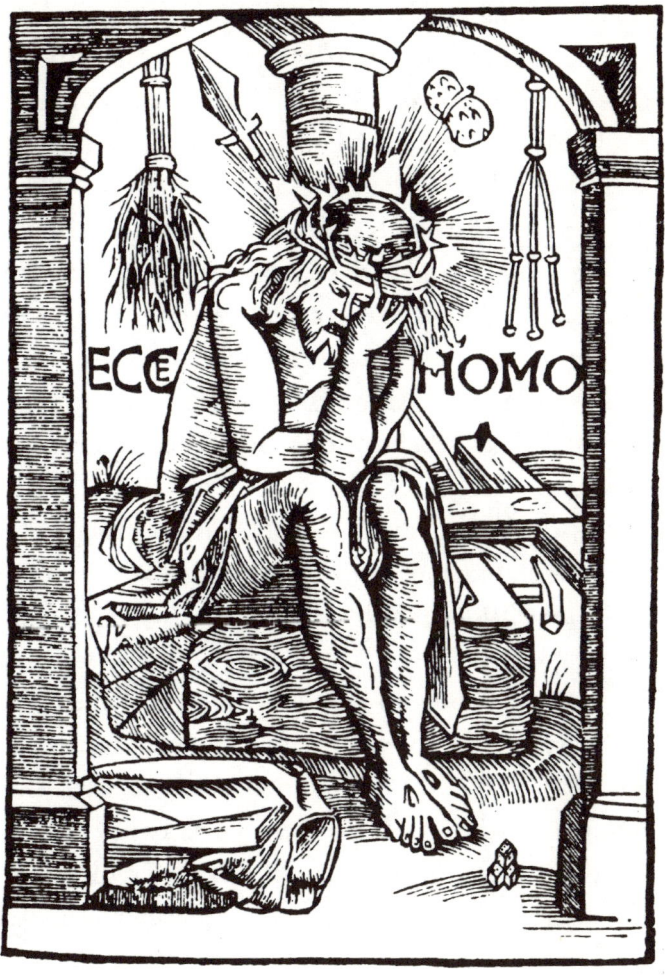

Titelblatt der Predigt »Betrachtung des heiligen Leidens Christi«, 1519

Meditation des Leidens Christi

Tod und Sterben ist eines der zentralen Themen des mittelalterlichen Menschen. Sein Leben ist in vielfältiger Weise gefährdet, angefangen bei der großen Kindersterblichkeit, über die mannigfachen Bedrohungen durch unheilbare Krankheiten, Seuchen, durch die immer wieder aufflackernde Pest, die auch Luthers Glaubensstärke herausgefordert hat, wenn sich der Leichengeruch gelegentlich in Wittenberg bemerkbar machte, bis hin zu den kriegerischen Auseinandersetzungen und gewaltsamen Streitigkeiten, denen die Menschen schutzlos ausgesetzt waren. Nicht zu vergessen die Gerichtsbarkeit, die dem Amt des Henkers reichlich zu tun gab ... Groß ist daher die Angst, zugleich das Verlangen nach Schutz und Sicherheit, insbesondere dann, wenn die Sache des Evangeliums durch »groß' Macht und viel List« gefährdet ist. Da heißt es mit Luther zu reden nämlich: »Wir sind allesamt zu Tode gefordert, und keiner wird für den andern sterben, sondern jeder in eigener Person für sich mit dem Tod kämpfen ... Ich werde dann nicht bei dir sein noch du bei mir. Hierin muss jedermann die Hauptstücke, die einen Christen angehen, genau wissen und gerüstet sein ...«[67] Mit diesen aufrüttelnden Sätzen begann der von der Wartburg nach Wittenberg zurückkehrende Luther seine berühmten Invocavit-Predigten. Und im Lied sang er mit seiner Gemeinde: »Mitten wir im Leben sind / Mit dem Tod umfangen. / Wen such'n wir, der Hilfe tu, / dass wir Gnad erlangen? / Das bist du, Herr, alleine!«

Mit einem allgemeinen »memento mori, bedenke, dass du sterben musst!« gab sich die Christenheit zu keiner Zeit zufrieden. Gefragt war eine »ars moriendi«, eine geistliche Gebrauchsanweisung für das Sterben, wobei kein anderer als der »Herr alleine« als der Helfer in Todesnot infrage kam. Prediger wie z. b. Geiler von Kaysersberg und die zahllosen Künstler der Christus-Passion stellten dem nachsinnenden und innerlich teilhabenden Betrachter das Bild des Gekreuzigten in sinnenfälliger Weise vor Augen. Wieder waren es Mystiker vom Rang eines Bernhard von Clairvaux, die spezielle Anweisungen gaben, wie man Christi Passion in ihren einzelnen Phasen betrachten und sich mitfühlend in sein Leiden versenken konnte. Wieder diente das Hohelied dazu, die enge Christus-Verbundenheit im Leiden und Tod nicht nur vor Augen zu haben, sondern ihn, Christus als den Geliebten der Menschenseele, fest an sich zu drücken, etwa mit dem erotischen Bild: »Ein Büschel Myrrhe ist mir mein Geliebter; er ruht zwischen meinen Brüsten« (Hld 1,12).[68] Die Myrrhe war für Bernhard die Bezeichnung des Bitteren und aller Drangsal, bis hin zum Tode. Im Sinne seiner Deutung gelte es schließlich, dieses Myrrhe-Büschel der Anteilnahme tief ins Herz einzupflanzen, damit es dort Wurzelgrund finde ...

Im Frühjahr 1519 waren es vor allem zwei Schriften (Sermones), in denen sich Luther mit dieser existenziellen Frage beschäftigte, nämlich in seinem »Sermon von der Bereitung zum Sterben« und im »Sermon von der Betrachtung des heiligen Leidens Christi«. Beide alsbald veröffentlichten Texte gehörten zu jenen Arbeiten, die nach und nach in mehreren Auflagen an verschiedenen Orten nachgedruckt wurden. Damit ist der große Trostbedarf unterstrichen, der die geängsteten Menschen nach einem festen Halt verlangen ließ. Der Wittenberger Seelsorger durfte hier sich nicht versagen.

Luther hätte auf eine reiche Literatur dieser Art verweisen können. Doch dazu besteht für ihn kein Anlass; im Gegenteil: Ehe er auf die von ihm empfohlene »rechte Weise« der Betrachtung zu sprechen kommt, geht er kurz auf jene ein, die wortreiche, aber seiner Meinung nach nicht immer hilfreiche Anweisungen gegeben haben. Selbst ein abergläubisch geartetes Sicherungsbedürfnis hat sich ausgebildet, weil viele hofften, dass das Anschauen und der Umgang mit den verschiedenen Motiven des Leidens Christi als eine Art von Abwehrzauber benutzt werden könnte. Dies durfte Luther gerade nicht gutheißen, weil das Leiden Christi zu egoistischen Zwecken umfunktioniert würde. Daher sein entschiedenes Nein zum Missbrauch dessen, was der Vergegenwärtigung der Passion dienen sollte.

Etliche denken über das Leiden Christi so, dass sie über die Juden zornig werden, das Lied vom › armen Judas‹ singen (»O du armer Judas, was hast du getan!«) und ihn verurteilen und es damit genug sein lassen. Sie handeln so nach ihrer Gewohnheit, sich über andere Leute zu beklagen und ihre Gegner zu verdammen und zu beschimpfen. Dies möchte wohl nicht heißen Christi Leiden, sondern des Judas und der Juden Bosheit bedenken.[69]

Etliche haben auf mancherlei Nutzen und Frucht hingewiesen, die aus der Betrachtung des Leidens Christi kommen, mit einem

Ausspruch des heiligen Albertus Magnus. Ihm wird der Satz zugeschrieben, dass es besser sei, Christi Leiden einmal obenhin zu bedenken, als ein ganzes Jahr zu fasten, alle Tage einmal den Psalter zu beten usw. Dem folgen sie blind bis zum letzten und geraten so in Widerspruch zur rechten Frucht des Leidens Christi, weil sie darin das Ihre suchen. Darum tragen sie Bildchen und Büchlein, Briefe (Traktätchen) und Kreuze mit sich herum. Ja, einige gehen auch so weit, dass sie meinen, sich damit vor Wassersnot, vor Tod durch Mordwaffen, vor Feuer und allerlei gefahr zu sichern. Und also soll Christi Leiden gegen seine Art und Natur ein Nicht-Leiden an ihnen bewirken.[70]

Auf der anderen Seite lehnt er eine Spiritualität ab, die als »opus operatum«, d.h. als ein automatisiertes, ein selbstwirkendes Werk vollzogen wird. Damit widersetzt er sich der Anschauung, ein sakramentaler oder sonstiger Akt des geistlichen Lebens sei einer magischen Handlung vergleichbar, bei der es auf die innere Anteilnahme und auf den Glauben des Menschen nicht ankomme. Doch damit wäre ein Herzstück der reformatorischen Erkenntnis und Frömmigkeit überflüssig geworden. Wichtig sind ihm ferner nicht Erwägungen über das An-sich-Sein Gottes, sondern die ganz persönliche Aneignung der Heilstat Christi und das Innewerden, dass Gott *für* uns da ist. Im Kleinen Katechismus hob der Ausleger des Hauptstücks vom Heiligen Abendmahl dieses Wörtchen besonders hervor, weil dort das »für euch« »eitel gläubige Herzen« verlange. Um diese Aneignung ist es ihm auch hier zu tun, weshalb er die weitschweifigen Passionsbetrachtungen all jener ablehnt, die sich mit der ausführlichen Zitation heiliger Texte begnügen und die Konzentration auf das, »was den Menschen unbedingt angeht« (P. Tillich) gering achten. Das entspricht einer Absage an eine Veräußerlichung religiöser Riten und Gewohnheiten.

Sie leiden mit Christus, indem sie ihn beklagen und beweinen als einen schuldlosen Menschen wie die Frauen, die Christus von Jerusalem aus nachfolgten und von ihm gescholten wurden, sie sollten sich selbst beweinen und ihre Kinder (Luk. 23,27 f.).

Derart sind die, die im Passionsbericht weit ausholen, viel vom Abschied Christi in Bethanien und von den Schmerzen der Jungfrau Maria hineintragen und auch nicht weiterkommen. So kommt es dann, dass man die Passionsgeschichte so viele Stunden lang vorträgt, weiß Gott, ob es mehr zum Schlafen als zum Wachen erdacht ist. In diese Richtung gehören auch die, die erlernen, welche große Frucht die heilige Messe hat, und es nun in ihrer Einfältigkeit für genug halten, die Messe zu hören.

Dahin bringt man uns durch das Urteil etlicher Lehrer, dass die Messe – opere operati, non opere operantis, d.h. kraft des Getanen, nicht kraft des Täters – durch sich selbst, auch ohne unser Verdienen und Wertsein angemessen ist, gerade als wäre das genug. Die Messe ist doch nicht um ihrer selbst willen eingesetzt, sondern um unseretwillen, damit wir das Leiden bedenken. Denn wo das nicht geschieht, macht man aus der Messe ein irdisches, unfruchtbares Tun, es sei an sich selbst so gut, wie es immer sein mag. Was hilft es dir nämlich, dass Gott Gott ist, wenn er nicht für dich Gott ist? Was nützt es, dass Essen und Trinken an sich gesund und gut sind, wenn es nicht für dich gesund ist? Deshalb besteht Grund zur Sorge, dass man mit vielen Messen nichts besser macht, wenn man nicht die rechte Frucht darin sucht.

Nach diesen Abgrenzungen gegen die an Äußerlichkeiten haftenden religiösen Praktiken anderer zeigt Luther, auf welche Weise man die Stufen der Passion und den Hingang Christi meditieren sollte. Auch darin folgt er traditionellen Vorstellungen. Bisweilen nennt er seine Gewährsleute, z.B. Bernhard. Wichtig ist ihm, vom Anschauen der Passionsschilderungen und Darstellungen ausgehend, immer tiefer in das Christus-Mysterium einzudringen, sich im Grund des Herzens anrühren, ja durch das Erleiden des Gottesknechtes erschrecken zu lassen. Und was auf diese Weise »eingeprägt« werden soll, was »recht tief zu bedenken« ist, was es nach Art der mittelalterlichen Meister der geistlichen Übung – etwa Ludolf von Sachsen oder Thomas a Kempis und anderen – meditativ zu durchdringen gilt, das ist stets im Blick auf die eigene Betroffenheit zu empfinden. Dem entspricht die wiederholte Verwendung der Metapher der »Tiefe«, weil alles Streben in die Höhe, und handle es sich um das sublimste geistliche Bemühen, durch den menschlichen Egoismus bedroht ist. In seiner Magnifikat-Auslegung wird Luther die »Niedrigkeit« der Jungfrau Maria besonders hervorheben und gemäß dem Text des Lukasevangeliums die Umwertung aller bislang gültigen Werte erklären. Erst von dieser Ebene aus ist die Passion des Herrn in gültiger Weise zu meditieren.

Diejenigen bedenken das Leiden Christi recht, die es so anschauen, dass sie im Herzen davor erschrecken und ihr Gewissen alsbald in ein Verzagen versinkt. Das Erschrecken muss daraus kommen, dass du siehst, wie streng sich der Zorn und wie unerschütterlich sich der Ernst Gottes gegen die Sünde und den Sünder richtet, dass er nicht einmal seinem einzigen allerliebsten Sohn die Sünder losgeben wollte, er täte denn für sie eine solch schwere Buße, wie er durch Jes. 53,5 spricht: › Um der Sünde meines Volkes willen habe ich ihn geschlagen.‹ Was soll den Sündern widerfahren, wenn das liebste Kind so geschlagen wird? Es muss ein unaussprechlicher, nicht zu ertragender Ernst da sein, dem so eine große, nicht auszumessende Person sich aussetzt und dafür leidet und stirbt. Und wenn du recht tief bedenkst, dass Gottes Sohn, die ewige Weisheit des Vaters, selbst leidet, so wirst du wohl erschrecken und je mehr, je tiefer du das bedenkst.

Tief musst du es dir einprägen und garnicht daran zweifeln, dass du der bist, der Christus auf diese Weise martert. Denn deine Sünden haben es gewiss getan ... Darum wenn du die Nägel Christi siehst durch seine Hände dringen, glaube sicher, dass es deine Taten sind. Siehst du seine Dornenkrone, so glaube, es sind deine bösen Gedanken usw.

...

Ein solches Erschrecken daraus erlebt der heilige Bernhard, wovon er sagt: › Ich meinte, ich wäre sicher, und wusste nichts von dem ewigen Urteil, das im Himmel über mich ergangen war, bis ich sah, dass der einzige Gottessohn sich meiner erbarmt, hervortritt und dieses Urteil auf sich nimmt ....‹ – Christus sagt nicht, sie sollen ihn beklagen, sondern: sie sollen sich im Blick auf ihn über sich beklagen.

Mit dieser Wendung nach innen und mit dieser Selbstkonfrontation verbindet Luther den Gedanken der Übung, der sich jeder Christ hingeben sollte. »Exercitia spiritualia« nennt die Tradition vor und nach dem Reformator diese Aufgabe. Ziel des geistlichen Übungsweges ist wieder und wieder die Herstellung der »conformitas«, wie wir sie von den Mystikern und Mystikerinnen kennen, nämlich das Gleichförmigwerden mit Christus. »Tiefes Nachdenken«, Selbsterkenntnis und Gotteserkenntnis sind somit eng aufeinander bezogen, – eine Einsicht, die durch die auf anderen Wegen forschende Tiefenpsychologie etwa C.G. Jungs bestätigt wird. Und auch wenn Luther sich an den zur Selbstbesinnung bereiten Menschen wendet, so ist ihm stets klar, dass es bei aller konzentrierten Teilnahme letztlich doch nicht am menschlichen Ersinnen und Tun liegt, sondern dass Gott selbst das Gelingen dazu schenken muss. Damit ist auch dem geistlichen Streben die Spitze des Stolzes und der Selbstgenügsamkeit genommen. Das Entscheidende geschieht in Anlehnung an den paulinischen Römerbrief nach Luthers Überzeugung »ohne des Gesetzes Werke, allein durch den Glauben, – allein aus Gnaden«. Diese Gnade, die er über seiner Vertiefung in den Römerbrief einst für sich entdeckt hat, besitzt für Luther ohnehin die unabdingbare Priorität. In ein geistliches Exercitium eintreten, einen inneren Weg gehen zu können, mystischer Erfahrungen gewürdigt zu werden, – ist Gnade. Darauf gründet sein Ratschlag, in dem jene Grundbegriffe des meditativen »Bedenkens«, des »gleichförmig Werdens«, des »Achthabens«, des »zu Herzen Nehmens« dominieren:

In diesem Punkt muss man sich gar wohl üben; denn der Nutzen des Leiden Christi liegt in hohem Maß daran, dass der Mensch zur Erkenntnis seiner selbst kommt, vor sich selbst erschrickt und zerschlagen wird. Und wo der Mensch nicht dahin kommt, ist ihm das Leiden Christi noch nicht recht nützlich. Die ihm eigene, natürliche Wirkung des Leidens Christi ist nämlich, dass es den

Menschen Christus gleichförmig (conformare) macht, so dass, wie
Christus an Leib und Seele jämmerlich unter der Last unserer
Sünden gemartert wird, wir ihm nachfolgend im Gewissen von
unseren Sünden geplagt werden müssen. Es geht dabei auch hier
nicht um viele Worte, sondern um tiefes Nachdenken und großes
Achthaben auf die Sünden.

...

Du musst dem Bild und Leiden Christi gleichgestaltet (conformare) werden, es geschehe in diesem Leben oder in der
Hölle, wenigstens musst du beim Sterben oder im Fegefeuer
erschrecken und zittern, beben und alles fühlen, was Christus
am Kreuz leidet ... Darum musst du Gott bitten, dein Herz zu
erweichen und dich Christi Leiden fruchtbringend bedenken zu
lassen; denn es ist nicht möglich, dass wir Christi Leiden von
uns selbst aus gründlich genug bedenken. Gott muss es in unser
Herz senken. Auch nicht diese Betrachtung noch eine andere
Lehre wird dir darum gegeben, dass du frisch von dir selber
aus dazu kommen solltest, solch Bedenken (Meditation) des
Leidens Christi zu vollbringen, sondern du musst zuvor Gottes
Gnade suchen und begehren, damit du es durch seine Gnade
und nicht durch dich selbst vollbringst. Daher ist es nämlich
gekommen, dass die, auf die ich eingangs verwies, Christi Leiden
nicht in rechter Weise behandeln, indem sie Gott nicht danach
anrufen, sondern aus ihren eigenen Vermögen heraus in einer
eigenen, dazu ausgeklügelten Weise ganz menschlich und fruchtlos
damit umgehen.

Wenn Luther auch allezeit bemüht ist, den allzu menschlichen Verdienstgedanken strikt abzuweisen, so bewegen
sich seine Gedanken doch noch vielfach in den Bahnen der
mittelalterlichen Kirche, für die einerseits der Mitleid er-
heischende Schmerzensmann und der strenge Weltenrich-

ter zu einer Furcht erweckenden Gestalt geworden ist. Umso wichtiger ist es, was der Reformator mit Blick auf die Bedeutung dieser Betrachtung zu sagen hat. Er relativiert bereits deutlich das Vielerlei der obligatorischen, von ihm selbst anfangs noch gutgeheißenen Bußübungen sowie der Erfüllung gewisser Kirchenstrafen bzw. deren »Ablässe« und rückt sie ins Licht der Wandlung des Menschen. Geschehen soll dies auf dem Grund einer völligen Erneuerung durch das »Bad der Wiedergeburt« in der Taufe. An die Stelle des alten Adams tritt der in Christus wiedergeborene neue Adam, der neue Mensch. Darin erblickt er den eigentlichen Ertrag dieser Meditation, die einem prozesshaften Geschehen entspricht.

Wer also Gottes Leiden einen Tag, eine Stunde, ja eine Viertelstunde wirklich bedächte, von dem wollen wir frei heraus sagen, dass das besser ist, als wenn er ein ganzes Jahr fastete, alle Tage den ganzen Psalter betete, ja besser als wenn er hundert Messen hörte, denn dieses Bedenken wandelt den Menschen in seinem ganzen Wesen und kommt dem ganz nahe, wie die Taufe von neuem geboren werden lässt. Hier richtet das Leiden Christi sein rechtes, eigentliches, vorzügliches Werk aus, tötet den alten Adam, vertreibt alle (fragwürdige) Lust, (unechte) Freude und Zuversicht, die man von bloß natürlichen Schöpfergaben her haben mag, gleichwie Christus von allem, was Gott uns geben kann, auch von Gott selbst verlassen war. Weil ein solches Tun nicht in unserer Hand liegt, geschieht es, dass wir zuweilen darum bitten und es doch nicht zur selben Stunde erlangen. Dennoch soll man nicht verzagen oder aufhören zu bitten. Zuweilen kommt es zu uns, ohne dass wir darum bitten, wie Gott je und je zu geben weiß und will. Denn sein Geben will frei sein und nicht gebunden.

Luther rechnet – gewiss aufgrund eigener schmerzhafter Erfahrung[71] – damit, dass es eine Teilhabe am Leiden Christi gibt, ohne dass sich der betreffende Mensch darüber volle Klarheit zu verschaffen vermag. So unterscheidet er in unserem Zusammenhang ein »scheinbares und trügerisches«, also ein nur vermeintliches Berührtsein von einem tatsächlichen »heimlichen und wahrhaftigen« Erfülltsein von dem Christus der Passion. Gelegentlich bedient sich Luther der Vokabel »heimlich«, wenn er die mystisch-verborgene Weise einer spirituellen Tatsache andeuten will. Insofern ist er »mystischer Theologe«, als solcher ist er nicht zuletzt durch Augustinus geprägt. »Weil die Mystik Luthers Christusmystik ist[72], steht sie von vornherein einer bloßen Logosmystik skeptisch und ablehnend gegenüber. Luther lehnt jede Spekulation ab, die zu einer Einigung mit Gott kommen möchte ohne den menschgewordenen Christus bzw. an ihm vorbei, die in Gefahr ist abzusehen von dem ... konkret festgelegten Heilsweg in Geburt, Tod und Auferstehung Christi, in den wir mittels des Wortes und der Sakramente hineingenommen werden.«[73]

Nun aber weiter, von der Passion zur Verherrlichung, vom Sterben zum Erwecktwerden, damit das allzu belastete Gewissen und quälende Sündenbewusstsein endlich erleichtert werde. Als geübter Seelsorger hatte er immer wieder unter der Schwermut leidende Menschen zu betreuen, war er doch selbst in ähnlicher Weise oft angefochten und hatte dieser Gestalt des Teufels zu widerstehen.

Bisher sind wir in der Marterwoche gewesen und haben den Karfreitag recht begangen. Nun kommen wir zum Ostertag und zur Auferstehung Christi. Wenn der Mensch, wie oben gesagt, seiner Sünde bewusst geworden und im Herzen tief erschrocken ist, muss man achthaben, dass die Sünden nun nicht im Gewissen gegenwärtig bleiben. Sonst würde gewiss lauter Verzweifeln daraus. Nein, gleichwie sie aus Christus geflossen und erkannt worden sind, so muss man sie wieder auf ihn laden und das Gewissen dadurch frei machen. Darum sieh ja zu, dass du nicht handelst wie die verkehrten Menschen, die sich mit ihren Sünden im Herzen herumbeißen und danach streben, sich durch gute Taten und Wiedergutmachung, durch Wallfahrten oder durch Ablasskaufen herauszuarbeiten und von Sünden frei zu werden, was doch unmöglich ist. Und leider ist solche falsche Zuversicht auf das Wieder-in-Ordnung-bringen und Wallfahrten weit und breit eingerissen.

Lässt man diese und die folgenden Betrachtungen auf sich wirken, dann kann man den Eindruck von einem Menschen gewinnen, der innerlich, also mystisch angerührt, mit dem lebt, was er hier seinen Lesern vor Augen führt und zu eigenem Miterleben ans Herz legen möchte. Daher der Aufforderungscharakter, der aus seinen Worten spricht, auch das Wissen um den Willensentschluss und »Wagemut«, der hierzu nötig ist, nimmt man die Worte der Schrift nicht nur auf die übliche oberflächliche Weise zur Kenntnis, als ginge es lediglich um den Gebrauch der in den Predigten üblichen Metaphern und Gleichnisse. Luther meint ja ein ins individuelle Leben eingreifendes Geschehen. Er meint einen Prozess, in dem der Betrachtende mit dem Christus der Passion und der Auferstehung wesenhaft in Beziehung steht, von Existenz zu Existenz, von Herz zu Herzen.

Dann wirfst du deine Sünde von dir auf Christus, wenn du fest glaubst, dass seine Wunden und Leiden deine Sünde sind, damit er sie trägt und bezahlt, wie Jes. 53,6 sagt: › Gott hat unser aller Sünde auf ihn gelegt‹, und Petrus (1. Petr. 2,24): › Er hat unsere Sünde an seinem Leib selbst hinaufgetragen auf das Holz des Kreuzes‹. Paulus sagt (2. Kor. 5,21): › Gott hat ihn für uns zu einem Sünder gemacht, damit wir durch ihn gerechtfertigt würden.‹

Auf diese und dergleichen Sprüche musst du mit ganzem Wagemut dich verlassen, und zwar um soviel mehr, je härter dich dein Gewissen quält. Denn wenn du das nicht tust, sondern so vermessen bist, dich selber durch deine Reue und Genugtuung zum Frieden bringen zu wollen, wirst du nimmermehr zur Ruhe kommen und musst zuletzt doch verzweifeln, wenn wir nämlich mit unseren Sünden selber in unserem Gewissen fertig werden wollen, sie bei uns bleiben lassen und sie in unserem Herzen anschauen, so sind sie uns viel zu stark und leben ewig. Aber wenn wir sehen, dass sie auf Christus liegen, dass er sie durch seine Auferstehung überwindet, und wir das voller Zuversicht glauben, so sind sie tot und zunichte geworden; denn auf Christus vermochten sie nicht zu bleiben. Sie sind durch seine Auferstehung verschlungen ...

Diese allein im Glauben zu erfassende Tatsache will sehr ernst genommen werden. Dabei ist es Luthers Sorge, dass auch sein eigenes vieles Reden von Sünden und Leiden Christi um der Sündenschuld willen, endlich verlassen, ja überwunden werde, geht es doch in all den Schilderungen vom »leidenden Gottesknecht« (Jes. 53) um das Evangelium, d.h. um die Botschaft der Freude, die Freiheit eröffnet und Grundlage eines neuen Lebens ist. Dahin gibt es einen Weg, den der Reformator zeigen möchte. Und ist es auch nicht gerade seine Sache, vom Seelenaufstieg im Sinne eines mystischen Stufenweges zu reden, etwa von der Phase der Reinigung, durch die der Erleuchtung zur Vereinigung mit Gott in der Unio mystica, so findet er doch im folgenden Abschnitt die eindrücklich-schöne Formulierung vom Emporstieg »durch Christi Herz zu Gottes Herz« und zum Erkenntnisgewinn der Gottesliebe. Dies ist umso beachtenswerter, als Luther – wie wir immer wieder sehen können – mit guten Gründen subtile Seelenaufschwünge und dergleichen vermeidet. Er meint ja den Menschen, zu dem sich Gott herniederneigt, zu dem er seinen eingeborenen Sohn gesandt hat. Der »erniedrigte sich selbst und ward gehorsam bis zum Tode, ja zum Tode am Kreuz ...« (Phil. 5,8). – Nun denn auch der gedankliche Fortschritt in diesen Betrachtungen.

Zum ersten geht es dabei nicht mehr darum, das Leiden Christi zu betrachten – denn das hat nun sein Werk getan und dich erschreckt –, sondern jetzt gilt es, weiter durch das Leiden hindurchzudringen und sein freundliches Herz anzusehen, wie es voller Liebe für dich ist, die ihn dazu zwingt, dass er den Gewissen und deine Sünde mit solcher Beschwernis trägt.

Dadurch wird dir das Herz ihm gegenüber voll süßer Liebe und die Zuversicht deines Glaubens gestärkt. Danach weiterhin: Steige durch Christi Herz zu Gottes Herz empor! Und erkenne, dass Christus die Liebe dir nicht hätte geben können, wenn es Gott nicht in ewiger Liebe gewollt hätte! Ihm ist Christus mit seiner Liebe zu dir gehorsam. Da wirst du finden das göttliche gute Vaterherz und, wie Christus sagt (Joh. 6,44), auf diese Weise durch Christus zum Vater gezogen. Da wirst du dann das Wort Christi verstehen: ›Also hat Gott die Welt geliebt, dass er seinen einzigen Sohn dahingegeben hat‹ (Joh. 3,16). Das heißt dann Gott recht erkannt haben, wenn man ihn nicht bei der Gewalt oder Weisheit, die zum Erschrecken sind, sondern bei der Güte und Liebe ergreift. Da können dann der Glaube und die Zuversicht bestehen, und der Mensch ist dadurch wahrhaftig neu geboren in Gott.

So ist die hier gemeinte Meditation des Kreuzes Christi keine bloße Folge von gedanklichen Erwägungen. Vielmehr geht es Luther abschließend darum, das Herz in Christus zu verankern und das Realsymbol seines Lebens in den einzelnen Situationen des menschlichen Leben – gleichsam in einem sakramentalen Akt – zu verwirklichen. Damit schließt der Reformator an die Praxis der christlichen Mystik an, die im Leben Jesu ein Urbild der Existenz eines Christen gesehen hat. Diese Sicht wurde auch nach ihm übernommen, etwa wenn der in der lutherischen Tradition verwurzelte Jakob Böhme (1575–1624) schreibt »Christi Lauf auf Erden ist ein wahrhaftig Fürbild ...«[74] Dass es sich hierbei nicht nur um den Aufweis einer theologischen Bedeutsamkeit handeln kann, sondern um ein die Tiefendimension des Bewusstseins erfüllendes und transformierendes Geschehen, hat C.G. Jung in tiefenpsychologischer Sicht zum Ausdruck gebracht, wenn mit Blick auf den Prozess der Persönlichkeitsreifung (Individuation) sagte: »Das menschliche und das göttliche Leiden bilden zusammen eine Komplementarität mit kompensierendem Effekt: Durch das Symbol kann der Mensch die Bedeutung seines Leidens erkennen: Er ist auf dem Wege zur Verwirklichung seiner Ganzheit ... Das Drama des archetypischen Christuslebens beschreibt in symbolischen Bildern die Ereignisse im bewussten und im bewusstseinstranszendenten Leben des Menschen, der von seinem höheren Schicksal gewandelt wird.«[75]

Bemerkenswert ist schließlich, dass sich Luther am Schluss veranlasst sieht, auf die im Laufe der Zeit eingetretene Veräußerlichung hinzuweisen, die an die Stelle der mystischen Betrachtung einen bloßen Schein gesetzt hat, ein an die Wände gemaltes »Traktätchen«, dessen existenzielle Bedeutung gar nicht mehr erkannt wird.

Wenn also dein Herz in Christus befestigt ist, und du nun den Sünden feind geworden bist aus der Liebe, nicht aus Furcht vor Strafen, so soll hinfort das Leiden Christi auch ein Vorbild für dein ganzes Leben sein, und nun gilt es, dasselbe auf eine andere Weise zu bedenken. Bisher haben wir es bedacht wie ein Sakrament, das in uns wirkt und das wir empfangen. Jetzt bedenken wir es daraufhin, dass auch wir wirken (und bei allem Erleiden doch tätig werden sollen) nämlich in folgender Weise:

Wenn dich Schmerzenstage und Krankheit beschweren, denke daran, wie gering das ist im Vergleich mit der Dornenkrone und den Nägeln Christi.

Wenn du etwas tun oder lassen musst, was dir zuwider ist, denke daran, wie Christus gebunden und gefangen hin und her geführt wird ...

So dich Trübsal oder welche Widerwärtigkeit auch immer, seien sie leiblich oder geistlich, bekümmern, stärke dein Herz und sprich: Ei, warum sollte ich denn nicht auch eine kleine Betrübnis erleiden, wo doch mein Herr im Garten vor Angst und Betrübnis Blut schwitzt. Ein fauler, schändlicher Knecht wäre das, der im Bett liegen sollte, wenn sein Herr in Todesgefahr kämpfen muss. Siehe also: wider alle Laster und Untugend kann man in Christus Stärke und Labsal finden.

Und das heißt Christi Leiden recht bedacht. Das sind die Früchte seines Leidens, und wer sich so darin übt, der tut besser daran, als wenn er alle Passionsgeschichten hörte oder alle Messen lesen würde. Nicht dass diese Messen nicht gut seien, aber ohne solches Bedenken (Meditation) und solche Übung helfen sie nichts. Und die heißen rechte Christen, die Christi Leben und Namen so in ihr Leben hereinziehen, wie der heilige Paulus (Gal. 5,24) sagt: »Die zu Christus gehören, die haben ihr Fleisch samt allen seinen Begierden mit Christus gekreuzigt.«

Denn Christi Leiden darf nicht mit Worten und dem Schein nach, sondern muss mit dem Leben und wahrhaftig zur Wirkung gebracht werden. Also ermahnt uns der heilige Paulus (Hebr. 12,3): »Denket an den, der eine solche Feindschaft von den bösen Menschen erlitten hat, damit ihr gestärkt und nicht matt werdet in eurem Gemüte!« – Ebenso der heilige Petrus (1. Petr. 4,1): »Wie Christus in seinem Leib gelitten hat, so sollt ihr euch mit demselben Sinn rüsten und stärken.«

Aber eine derartige Betrachtung ist außer Gebrauch gekommen und selten geworden, während doch die Briefe des heiligen Paulus und Petrus voll davon sind.

Wir haben die Sache selbst in bloßen Schein verwandelt und das Bedenken des Leidens Christi allein auf Traktätchen an die Wände gemalt!

Das Magnificat verteuscht vnd ausgelegt durch Mart. Luther.

Tom. 1. fol. 450.

Wittemberg.

Titelblatt zum »Magnificat«, Wittenberg 1521

Magnificat – Der Lobgesang der Maria

Am Anfang des Lukasevangeliums stehen Lobgesänge, die als neutestamentliche Psalmdichtungen angesehen werden können. Sie bilden eine Brücke zwischen dem Alten und dem Neuen Testament, zwischen dem alten und dem neuen Gottesvolk. Unter diesen Texten darf der Lobgesang der Maria einen besonderen Rang beanspruchen. Es ist die junge werdende Mutter, die gemäß der Botschaft des Engels Gabriel der Geburt ihres ersten Kindes, Jesus, entgegensieht. In ihrem Preisgesang schaut sie ihr ganz persönliches Erleben und Hoffen im Zusammenhang der Heilsgeschichte Israels. Es ist die Geschichte all dessen, was Gott den Menschen zuteil werden lässt, den »geringen« Leuten, denen die »unten« sind, aber auch denen, die »oben« thronen, die »hoffärtig sind in ihres Herzens Sinn« und die er deshalb gewaltsam entmachtet.

Seit alters hat die Christenheit dieses »Magnificat« – so genannt nach den lateinischen Eingangsworten – im Rahmen des kirchlichen Stundengebets für die Vesper, das Abendgebet, vorgesehen. Ferner hat es im römischen Brevier seit dem Tridentinischen Konzil seinen festen Platz. Der Abendstern (Vesper), Stern der Venus, wurde wie der Morgenstern zum Stern der jungfräulichen Maria, die im Gegenüber zu ihrem Sohn als dem neuen Adam als die neue Eva verehrt wurde. Augustinus hat seinerseits auf die Eva-Maria-Parallele Bezug genommen, wenn er sagte: »Die Stolze verachtet er und die Demütige schaut er an.

Was die Stolze verloren hat, hat die Demütige (humilis) gewonnen.«[76] Seit dem von Luther bejahten Konzil von Ephesus (431) huldigte ihr die alte Kirche als der begnadeten »Gottesgebärerin« (Theotokos). Damit erlangte sie früh als »Mutter der Gläubigen« (Mater credentium) in der Schar der Heiligen vor allen anderen höchste Bedeutung.

Martin Luther macht da keine Ausnahme. Gerade weil das nachreformatorische Luthertum zur Heiligenverehrung auf Distanz gegangen ist und auch Maria davon betroffen wurde, ist seine lebenslange hohe Einschätzung Mariens, und zwar als jungfräuliche Mutter, eigens in Erinnerung zu rufen. Eine Bilanz seiner mariologischen Aussagen zeigt, dass er sie bis an sein Lebensende verehrte. Noch 1533 findet er die überschwenglich klingende Preisung: »Maria kann nicht genug gelobt werden (Creatura Maria non potest satis laudari).«[77] Für schädlich, ja für gotteslästerlich hielt er Heiligen- und auch Mariendarstellungen, die wie etwa eine so genannte Schutzmantelmadonna die Betrachter dazu verführen, das Vertrauen der Menschen mehr auf die Dargestellten als auf Christus zu richten. So konnte es schon mal dazu kommen, dass er Bilder solcher Art entfernen ließ. Aber selbst in seiner apologetischen Schrift »Wider die himmlischen Propheten, von den Bildern und Sakrament« (1525) räumt er ein: »Wo sie (die Bilder) aus dem Herzen sind, tun sie für die Augen keinen Schaden.« Man möge daher ein Kreuz, ein Heiligen- oder Marienbild belassen, »zum Ansehen, zum Zeugnis, zum Gedächtnis, zum Zeichen«, man könnte auch sagen: zu einer meditativen Verinnerlichung des Symbolisierten.[78]

Im literarischen Schaffen Luthers nimmt seine Auslegung des Magnificat einen historisch bemerkenswerten Platz ein, wenn man bedenkt, dass er den ersten Teil noch vor seinem Auftreten auf dem Wormser Reichstag von 1521 niederschrieb, in einem Augenblick also, in dem er sich in den zentralen Fragen seines reformatorischen Schaffens vor Kaiser und Reich zu verantworten hatte. Den zweiten Teil verfasste er während seines unfreiwilligen Wartburgaufenthaltes. So geht die Verdeutschung (aus dem Lateinischen!) des Lobgesangs der Maria seiner berühmten Übersetzung des griechischen Neuen Testaments voraus, die während seiner dortigen »Schutzhaft« binnen weniger Monate entstand.

Gewidmet ist die Schrift dem Kurprinzen Johann Friedrich von Sachsen (1503–1554); dem späteren Kurfürsten bzw. Herzog. Der hatte sich als junger Mann bei seinem Onkel, dem sehr viel bekannteren Kurfürsten Friedrich dem Weisen (gest. 1525) für Luther fürsprechend eingesetzt, als dieser von der päpstlichen Bannandrohung hörte. So stellt das Büchlein laut dem vorangestellten Widmungsschreiben eine Art Dankesschrift dar. Der durch die Mächtigen dieser Welt bedrohte Mönch weiß es zu schätzen, dass ihn sein Landesherr nicht im Stich lässt. Der Autor stellt ihm den Text so eilig zu, dass er den vollständigen Druck nicht einmal abwartet und dem Kurprinzen vorweg die ersten fertig gestellten Druckbogen übersendet. Auf die restlichen Blätter verweist er einstweilen.

Wenn Luther seinen Beschützer auch einige Male im Text anspricht, so steht doch außer Frage, dass er mit der Auslegung vor allem Grundsätzliches darlegen will. Seine Betrachtung bezieht sich auf den Christenmenschen überhaupt, auf sein geistliches Leben. Er kommt anhand des Lukaswortlautes freilich auch auf die Obrigkeit und deren Handhabung des Rechts zu sprechen. Die betreffenden Passagen, die den Umgang mit der politischen Macht betreffen, lassen sich als eine Art »Fürstenspiegel« bezeichnen. Im Mittelpunkt steht das beispielgebende Leitbild Maria. Sie verkörpert für ihn geradezu die christliche Seele; sie verkörpert den Menschen und die Christenheit als ganze, insofern sie bereit ist, als dienstbare »Magd« für den Heilswillen Gottes tätig zu sein.

Luthers Verdeutschung des Magnificat lautet in ursprünglicher Gestalt[79]:

Meine Seele erhebt Gott den Herrn.
Und mein Geist freut sich in Gott, meinem Heiland.
Denn er hat mich, seine geringe Magd, angesehen.
Um deswillen werden mich seligpreisen
Kindeskinder in Ewigkeit.
Denn er, der alle Dinge tut, hat große Dinge an mir getan,
und heilig ist sein Name.
Und seine Barmherzigkeit
erstreckt sich von einem Geschlecht zum anderen für alle,
die sich vor ihm fürchten.
Er wirkt gewaltig mit seinem Arm
und zerstört alle, die hoffärtig sind im Gemüt ihres Herzens.

Er setzt die hohen Herren von ihrer Herrschaft ab
und erhöht, die da niedrig und nichts sind.
Er macht satt die Hungrigen mit allerlei Gütern,
und die Reichen lässt er leer ausgehen.
Er nimmt sein Volk Israel auf, das ihm dient,
nachdem er sich seiner Barmherzigkeit erinnert hat,
wie er denn versprochen hat
unseren Vätern, Abraham und seinen Kindern
in Ewigkeit.

Spirituelle, »unmittelbar vom Heiligen Geist« kommende Texte verlangen, in einer ihnen angemessenen spirituell ausgerichteten geistig-seelischen Verfassung empfangen zu werden. Diese Voraussetzung ist es, die Luther in seiner Vorrede eigens betont. Deshalb ist darauf zu achten, mit welchem Vokabular er dies seiner Leserschaft – einst wie heute – klar zu machen sucht. So ist ihm bewusst, dass es sich nicht nur um bloße Wissens- oder Bedeutungsgehalte handelt, die der theologischen Reflexion zu unterwerfen sind, sondern um einen »heiligen Lobgesang«, ausgesprochen von der »hochgelobten Jungfrau«, aus lebendiger Erfahrung geschöpft, vom Heiligen Geist »erleuchtet und gelehrt«. Das, was nach einem Wort des Apostels Paulus (2. Kor. 4,7) gleichsam in den »irdenen Gefäßen« des Menschenwortes aufbewahrt ist, entspricht einem Schatz, der wie jede mystische Tatsache nur auf meditative Weise zu heben ist. Sie lässt sich begreifen als eine »reiche Kunst und Weisheit«. Unnötig eigens hervorzuheben, dass Luthers Auslegung den Leser in eben diese Sphäre hineinführen will. Wenn man einmal die an ihrem Ort berechtigte theologisch-rationale Kritik beiseite lässt und sich der Strahlkraft der Betrachtung des Magnificat aussetzt, dem kann das damit Gemeinte nicht gänzlich verborgen bleiben. Dazu kommt der im vollen Sinn des Wortes ökumenische Charakter, der durch die hohe Einschätzung durch katholische Autoren immer wieder bestätigt worden ist. Selbst ein Mann vom Schlage Papst Leo X., der über Martin Luther den bis heute noch nicht aufgehobenen Kirchenbann verhängte, soll nach der Lektüre dieser frühen Schrift des Wittenberger Augustiners bekannt haben:

Selig sind die Hände, die dies geschrieben haben.

Um diesen heiligen Lobgesang ordentlich zu verstehen, ist zu merken, dass die hochgelobte Jungfrau Maria aus eigener Erfahrung von dem redet, worin sie durch den Heiligen Geist erleuchtet und gelehrt worden ist. Denn niemand kann Gott noch Gottes Wort recht verstehen, er habe es denn unmittelbar vom Heiligen Geist. Niemand kann es aber vom Heiligen Geist haben, er erfahre, erprobe und empfinde es denn.

In derartiger Erfahrung lehrt der Heiligen Geist als in seiner eigenen Schule, außerhalb deren nicht gelehrt wird als nur leere Worte und Geschwätz. So war es mit der heiligen Jungfrau. Indem sie an sich selber erfahren hat, dass Gott an ihr so große Dinge wirkte, obwohl sie doch gering, unansehnlich, arm und verachtet gewesen ist, lehrt sie der Heiligen Geist diese reiche Kunst und Weisheit, dass Gott ein solcher Herr ist, der nichts anderes zu schaffen hat, als nur zu erhöhen, was da niedrig ist, zu erniedrigen, was da hoch ist, also kurz gesagt: zu zerbrechen, was da gemacht ist, und zu machen, was zerbrochen ist.

Denn dementsprechend, wie er im Anfang aller Schöpfungs-
werke die Welt aus dem Nichts erschuf, weshalb er Schöpfer und
Allmächtiger heißt, bleibt er in solcher Art zu wirken unwandelbar.
Noch alle seine Werke kommen bis ans Ende der Welt so zustande,
dass er aus dem, was nichts, gering, verachtet, elend, tot ist, etwas
Köstliches, Ehrliches, Seliges und Lebendiges macht. Wiederum
macht er alles, was etwas Köstliches, Ehrliches, Seliges, Lebendiges ist, zunichte, gering und verachtet, elend und sterbend. Auf
diese Weise kann kein Geschöpf wirken. Es vermag nicht, aus
Nichts etwas zu machen. Also sehen seine Augen nur in die Tiefe,
nicht in die Höhe, wie Daniel 3,55 sagt: »Du sitzt über dem Cherubim
und siehst in die Tiefe ...«

Damit ist die bei Luther oft wiederkehrende, die Lebensart
Mariens charakterisierende Metapher der »Tiefe« von neuem aufgerufen. Dem widerspricht das Gebaren der »Welt
und der Menschenaugen«, die nur »über sich sehen« und
damit ihre tatsächliche Situation verkennen. Auf der einen
Seite erleben wir diese Überschätzung des angeblich Positiven, auf der anderen geht es Luther darum, eine Gotteserfahrung zugänglich zu machen, die auf die Beachtung
und Wertschätzung derer liegt, deren Existenz in einer
Tiefe beheimatet ist, aus der Maria ihren Lobgesang an-
stimmt.

So erfahren wir täglich, wie jedermann nur über sich hinaus strebt
hin zu Ehre, zu Gewalt, zu Reichtum, zu Kunst (d.h. zum Unecht-
Gekünstelten, Neugierde Erweckenden), zu bequemem Leben und
allem, was groß und hochgeschätzt ist. Und wo solche Leute sind,
hängt ihnen jedermann an. Da läuft man herzu, da dient man gern,
da will jedermann sein und der Hochgeschätzten teilhaftig werden,

so dass nicht ohne Grund in der Schrift so wenige Könige und Fürsten als rechtschaffen beschrieben werden.

Dagegen will niemand in die Tiefe sehen, wo Armut, Schmach, Not, Jammer und Angst sind. Da wendet jedermann die Augen ab. Und wo solche Leute sind, da läuft jedermann weg, da flieht, da scheut, da lässt man sie im Stich. Und niemand denkt daran, ihnen zu helfen, ihnen beizustehen und zu machen, dass sie auch etwas seien. Sie müssen also in der Tiefe und im niedrigen, verachteten Zustande bleiben. Es ist hier kein Schöpfer unter den Menschen, der aus dem Nichts etwas machen wollte, während doch Paulus, Röm. 12,16 lehrt und spricht: »Liebe Brüder, achtet nicht die hohen Dinge, sondern wendet euch zu den Niedrigen!«

Darum bleibt für Gott allein solche Art »Ansehen«, die in die Tiefe, die Not und den Jammer sieht und allen denen nahe ist, die in der Tiefe sind, und wie Petrus sagt (1. Petr. 5,5): »Den Hohen widersteht er, aber den Niedrigen gibt er seine Gnade.« Und aus diesem Grund fließt nun die Liebe und das Lob Gottes. Es kann ja niemand Gott loben, er habe ihn denn zuvor lieb. Ebenso kann ihn niemand lieben, er sei ihm denn aufs liebenswerteste und allerbeste bekannt. So kann er nicht anders bekannt werden als durch seine Werke, die er an uns erwiesen hat, die von uns empfunden und erfahren wurden.

Wer aber erfährt, wie er ein solcher Gott ist, der in die Tiefe schaut und nur den Armen, Verachteten, Elenden, Jammervollen, Verlassenen und denen hilft, die gar nichts sind, dem wird er so herzlich lieb. Ihm fließt das Herz vor Freuden über, hüpft und springt vor großem Wohlgefallen, das es in Gott empfangen hat. Und da ist denn der Heilige Geist. Er hat solche überschwengliche Kunst und Lust in dem Augenblick mittels der Erfahrung gelehrt.

Darum hat Gott auch den Tod auf uns alle gelegt und das Kreuz Christi mit unzähligen Leiden und Nöten seinen allerliebsten

Kindern und Christen gegeben, ja er lässt sie auch zuweilen in Sünde fallen, damit er ja viel in die Tiefe zu sehen, vielen zu helfen, vieles zu wirken, sich als rechten Schöpfer zu erzeigen hätte und sich dadurch bekannt, liebens- und lobenswert machen kann ... Davon sagt Psalm 44,9, daß alle Heiligen nicht mehr tun werden als Gott im Himmel loben, weil er sie in ihrer Tiefe angesehen und sich dort ihnen bekannt, liebens- und lobenswert gemacht hat.

So ist es die Tiefe der Existenz ebenso wie die Situation der Niedrigkeit, in der die Christen Gott lieben und loben lernen. Wieder ist es der Erfahrungsschatz, den Luther in Maria verkörpert sieht. Gemäß dem Prophetenwort sieht er sie eingewurzelt im »Stamm Isai« und in der Sippe des Königs David. Damit erhebt der Ausleger die Mutter Christi zu einem Bild und Symbol der Meditation. Er sieht sie auf kunstreiche Weise zur Sprache gebracht in diesem Lobgesang. Er ist wiederum geeignet, unsere Gotteserkenntnis zu vertiefen, einschließlich zur Gottesliebe und zum Gotteslob zu ermuntern. In dieser Gesinnung macht Luther das Magnificat Vers um Vers zum Gegenstand seiner Betrachtung. Und bei aller Hochschätzung der seiner Meinung nach als »unversehrt«, d.h. unberührt gebliebenen Jungfrau versäumt er nicht eigens zu betonen, dass die aus diesem Spross emporgewachsene Blume dennoch nicht Maria selbst ist, sondern Christus. Die Mutter des Herrn mag man in ihrer Frömmigkeit und Lebenshaltung hoch schätzen, aber an den Erlöser reicht sie nicht heran. Sie bleibt »unten«.

So tut auch hier die zarte Mutter Christi. Sie lehrt uns mit dem Beispiel ihrer Erfahrung und mit Worten, wie man Gott erkennen, lieben und loben soll. Denn weil sie nämlich mit fröhlichem, springlebendigem Geist sich hier rühmt und Gott lobt, er habe sie angesehen, obwohl sie niedrig und nichts gewesen ist, muss man glauben, dass sie arme, verachtete, geringe Eltern gehabt hat.

Und so hat Jesaja 11,1 verkündet: »Es wird ein Zweig hervorgehen aus dem Stamm Jsais und eine Blume von seiner Wurzel aufwachsen, auf welcher der Heilige Geist ruhen wird.« Der Stamm und die Wurzel ist das Geschlecht Jsais oder Davids, im besonderen die Jungfrau Maria, der Zweig und die Blume ist Christus. Wie es nun unvorstellbar ist, ja unglaublich, dass aus einem dürren, faulen Stamm und aus einer alten Wurzel ein schöner Zweig und Blumen wachsen, so war es auch nicht vorstellbar, dass Maria, die Jungfrau, eines solchen Kindes Mutter werden sollte. Denn ich meine, sie werde nicht allein darum ein Stamm und eine Wurzel genannt, weil sie gegen die Natur bei unversehrter Jungfrauschaft eine Mutter geworden ist, wie es gegen die Natur ist, dass ein Zweig aus einem toten Baumstamm wachse, sondern auch darum, weil der königliche Stamm und das Geschlecht Davids, welches grünte und blühte in großer Ehre, Gewalt, Reichtum und Glück etwa zu Davids und Salomos Zeiten, auch vor der Welt eine hohe Sache war ...

Es wächst der Zweig und die Blume von der Person empor, welche die Töchter der Herren, (d.h. der Jerusalemer Priester) Hannas und Kaiphas nicht würdig erachtet hätten, ihre geringste Magd zu sein. Also richten sich Gottes Werke und Augen in die Tiefe, die Augen und Werke der Menschen aber nur in die Höhe. Das ist nun der Anlass des Lobgesangs. Den wollen wir nun von Wort zu Wort hören.

Die Betonung der »Tiefe« und des Niedrigseins (humilitas) hindern Luther indes nicht, einen Seelenüberschwang und ein mystisches Erhobenwerden bei der psalmodierenden Maria vorauszusetzen. Damit deutet er seine eigene innere Gestimmtheit an, eine geistig-seelische Verfassung, wie sie dem Geistesempfang am ehesten entspricht. Dem zunächst nur sehenden Wahrnehmen stellt er das in der Leiblichkeit tiefer verankerte Schmecken und Empfinden voran. Das geradezu lustvoll bewegte »ganze Herz« und »alle Sinne« sind somit beteiligt. Damit ist der ganze Mensch in diesen Vorgang der Gotteserfahrung einbezogen. Zwei Jahrhunderte nach Luther wird der schwäbische Theosoph und Theologe Friedrich Christoph Oetinger im Blick auf das Inkarnationsgeschehen sagen: »Leiblichkeit ist das Ende – im Sinne von Vollendung – der Wege und Werke Gottes.« Entscheidend ist freilich bei alledem, dass das Zentrum des Geschehens »innen« liegt und von dort, von der Wesensmitte des Menschen aus zur Wirkung gelangt. Diese mystisch zu nennende Dimension unterstreicht Luther, indem er auf die Unzulänglichkeit menschlicher Rede hinweist. Mystik hat ja damit zu tun, dass das je und je Erfahrene letztlich nicht aussagbar ist, so sehr man gedrängt sein mag, die Gottesbegegnung zu bezeugen. Da kommt die östliche Weisheit zur Geltung, in der es heißt: »Die es wissen (erfahren), sagen es nicht und die es sagen, wissen es nicht.« Dazu kommt, dass der kontemplative Mensch sich aller Aktivität begeben hat. Er ist nicht länger der »Macher«. Sein Erleben wird ein »fröhliches Erleiden«, – eine andere Formulierung für den Empfang der gnädigen Zuwendung Gottes.

»Meine Seele erhebt Gott den Herrn« (Luk. 1,46)

Dieses Wort ergeht aus großer Herzenslust und überschwenglicher Freude, in der sich ihr Gemüt und Leben ganz von innen heraus im Geist erhebt. Darum spricht sie nicht: »Ich erhebe Gott«, sondern »meine Seele« als wollte sie sagen: »Mein Leben und alle meine Sinne schweben in Gottes Liebe, in seinem Lob und in hohen Freuden, so dass ich meiner selbst nicht mächtig bin, mehr erhoben werde, als ich mich selbst erhebe zu Gottes Lob.« Wie ja all denen geschieht, die mit göttlicher Süßigkeit und Geist übergossen werden, so dass sie mehr fühlen, als sie auszusprechen vermögen. Es ist nämlich kein Menschenwerk, Gott mit Freuden zu loben. Es ist mehr ein fröhliches Erleiden und allein ein Gotteswerk, das sich mit Worten nicht lehren, sondern nur durch eigene Erfahren erkennen lässt, wie David Psalm 34,9 sagt: Schmeckt und seht, wie süß Gott der Herr ist. Selig ist der Mensch, der ihm vertraut.«

Erst setzt er das Schmecken, dann das Sehen, und zwar darum, weil es sich nicht ohne eigene Erfahrung und Empfindung erkennen lässt, zu welcher doch niemand kommt, er vertraue denn Gott mit ganzem Herzen, wenn er in der Tiefe und in Not ist. Darum fährt David Psalm 34,9 f. schnell fort: »Selig ist der Mensch, der Gott vertraut.« Denn derselbe wird Gottes Wirken an sich erfahren und also zu der fühlbaren Süßigkeit an sich erfahren und also zu der fühlbaren Süßigkeit, dadurch aber zu allem Verstehen und zur Erkenntnis kommen.

So schreitet der Ausleger Vers um Vers und Wort um Wort voran, indem er, wie er selbst betont, sorgsam »erwägt«, was den einzelnen Aussagen an spirituellem Gehalt innewohnt und was geeignet ist, den Leser und

Beter des Lobgesangs für das Beschreiten des inneren Weges vorzubereiten und einzustimmen. Dass damit nicht die Ableistung irgendwelcher den Menschen zum Eigenlob anreizenden Werke gemeint sein kann, hebt Luther immer wieder hervor, indem er sich Mal um Mal auf den Apostel Paulus beruft.

Kein Werk, keine äußerliche Weise, sondern nur der Glaube – das ist die gute Zuversicht in die unsichtbare, uns verheißene Gnade – macht fromm, gerecht und selig ... Und wo der Glaube nicht ist, da müssen viele Werke her, daraus dann Unfriede und Uneinigkeit folgen und also kein Gott mehr dableibt ... Lasst euch durch keine Lehre von den Werken irremachen! Der gläubige Geist hat es allein ganz und gar. Es liegt nur am Glauben des Geistes. Um diesen das ganze Erbe besitzenden Geist bitte ich. Gott wolle euch vor den falschen Lehren behüten, die durch Werke Zuversicht zu Gott wecken wollen ... Darum tut es not, dass uns Gott zum ersten den Geist, danach die Seele und den Leib behütet, damit wir nicht umsonst wirken und leben und also rechtschaffen heilig werden, nicht allein im Blick auf offenbare Sünden, sondern vielmehr auch hinsichtlich der falschen und scheinbar guten Werke.

Das sei diesmal zur Erklärung der beiden Worte »Seele« und »Geist« genug gesagt, weil sie häufig in der Schrift vorkommen. Danach folgt das Wörtchen »magnificat«. Das bedeutet: »groß machen«, »erheben und »viel von ihm halten«, nämlich von dem, der groß und viele und gute Dinge weiß und tun will, wie denn in diesem Lobgesang folgt...

Gott wird nicht seiner Natur nach von uns großgemacht – darin ist er (ohnehin) unwandelbar – sondern gemäß unserer Erkenntnis und Empfindung von ihm, was bedeutet: soweit wir viel von ihm halten und ihn vorwiegend auf Grund seiner Güte und Gnade großmachen. Darum sagt die heilige Mutter ... »Meine Seele macht ihn groß«, das heißt mein ganzes Leben und Weben, meine Gesinnung und meine Tatkraft halten viel von ihm, und zwar so, dass diese Seele sich gleichsam in ihn verzückt und in seinen gnädigen, guten Willen emporgehoben fühlt, wie der folgende Vers ausweist.

In entsprechender Weise erleben wir es auch: Wenn uns jemand etwas besonders Gutes tut, bewegt sich gleichsam unser ganzes Leben auf ihn zu, und wir sagen: »O, ich halte viel von ihm.« Das heißt nichts anderes als »meine Seele macht ihn groß«. Um wieviel mehr wird sich solche lebendige Bewegung regen, wenn wir Gottes Güte empfinden, die so überschwenglich groß ist in seinen Werken, dass uns alle Worte und Gedanken nicht ausreichen. Das ganze Leben und die Seele können nicht anders als sich bewegen lassen, als wollte alles gern singen und sagen, was in uns lebt ...

Das Herz der Maria steht fest und bleibt sich gleich zu jeder Zeit, lässt Gott in sich wirken nach seinem Willen und gewinnt daraus nicht mehr als einen guten Trost, Freude und Zuversicht in Gott. So sollten wir auch tun. Das wäre ein rechtes Magnificat gesungen.

»Und mein Geist freut sich in Gott, meinem Heiland«

Was der Geist ist, wurde bereits gesagt: nämlich der, welcher die unbegreifbaren Dinge durch den Glauben empfängt. Darum nennt Maria Gott auch ihren Heiland oder ihre Seligkeit, obwohl sie doch nicht sah noch empfand, sondern in fester Zuversicht darauf vertraute, er wäre ihr Heiland und ihre Seligkeit, ein Glaube, den sie aus dem an ihr geschehenen Gotteswerk empfangen hatte.

Und fürwahr, sie fängt folgerichtig an, wenn sie Gott eher ihren Herrn als ihren Heiland nennt und eher ihren Heiland, als sie seine Werke aufzählt. Damit lehrt sie uns, wie wir Gott rein und lauter und damit in der ihm zukommenden Ordnung lieben und loben und ja nicht das Unsere in ihm suchen sollen. Der aber liebt und lobt Gott rein und lauter, der ihn nur deswegen lobt, weil er gut ist, und nicht mehr als seine lautere Gütigkeit anschaut und nur an dieser seine Lust und Freude hat. Dies ist eine hohe, reine, zarte Weise zu lieben und zu loben, die gut zu einem solch hohen, zarten Geist passt, wie es der dieser Jungfrau ist ...

Maria lässt die Güter, die sie empfindet, fahren, hat nicht ihre Lust daran, sucht nicht ihren Genuß, so dass sie fürwahr aus rechtem, wahren Grund heraus singt: »Mein Geist erfreut sich in Gott, meinem Heiland.« Wahrlich, es ist ein Geist, der nur im Glauben, wo er springt und hüpft, nicht auf Grund von Gütern fröhlich ist, die Maria empfand, sondern allein um Gottes willen, den sie nicht empfand, um Gottes willen, den sie als ihr Heil nur im Glauben erkennt. O, das sind die rechten, demütigen, leer gewordenen, hungrigen, gottesfürchtigen Geister!

Die in dieser Auslegung zum Ausdruck gebrachte hohe Wertschätzung, ja Rühmung der Maria hat für Luther durchaus klar gesteckte Grenzen. Mit denen, die sie über alles Menschenmaß in Wort und Schrift und in künstlerischer Darstellung verherrlichen wollen, indem sie die Mutter Jesu in den göttlichen Bereich erheben, will Luther nichts zu schaffen haben. Er nennt sie »Schwätzer«, deren auf sie gesetztes Vertrauen nicht mehr wert ist als Aberglaube und als Abgötterei. So dürfte klar sein, dass Luther als Autor dieser Rühmung über den Versuch überaus befremdet gewesen wäre, wenn man ihm von der Erhebung Mariens in den Himmel gesagt hätte. Steht sie als Mensch doch »weit unter Gott«. Dabei ist sie für ihn und für die Christenheit nach wie vor die einzigartige Beispielgestalt des Glaubens. Man könnte auch sagen: Gerade in dieser Eigenschaft ist Maria in ihrer Geistgestalt zu einem Symbol und zum Gegenstand der Meditation geworden. Auf sie blicken hieße demnach, Mal um Mal an ihrem geistlichen Leben teilnehmen, marianische Spiritualität dem eigenen Leben einpflanzen. Und was Luthers Frömmigkeit anlangt, so geht er so weit, dass er seiner Magnificat-Erklärung – zum Erstaunen von »allzu protestantischen« Lesern – sogar zwei Anrufungen Marias einfügt, wenn er eingangs schreibt: »Dieselbige zarte Mutter Gottes wolle mir erwerben den Geist, der solchen ihren Gesang könne nützlich und gründlich auslegen ...« Und was Luthers zweite Anrufung Mariens betrifft, so soll sie diese Textauswahl beschließen.

Was mag ihn dazu bewegt haben? – Maria selbst hat ihr Vertrauen allein auf Gott gesetzt und sich als »des Herren Magd« bezeichnet. Das findet die ungeteilte Zustimmung des Reformators. Keinesfalls will sie die Menschen an sich binden. Eher weist sie von sich weg auf den, der auch der Herr ihres Lebens geworden ist. Zeichenhaft sind denn auch die Worte, die sie bei der Hochzeit zu Kana in Galiläa den Dienern (Joh. 2,5) rät, denen der Festwein ausgegangen ist: »Was er (Jesus) euch sagt, das tut.« Damit nun die Betrachtung nicht in bombastische Menschenrühmung abgleitet, hier noch Luthers mahnender Hinweis:

Die unnützen Schwätzer hört sie nicht gern, die viel von ihrem Verdienst predigen und schreiben, um damit ihre eigene große Kunst zu beweisen und dabei nicht sehen, wie sie das Magnificat dämpfen, die Mutter Gottes Lügen strafen und die Gnade Gottes verkleinern. Denn soviel würdiges Verdienst man ihr zuweist, um soviel tut man der göttlichen Gnade Abbruch und vermindert die Wahrheit des Magnificat.

Der Engel grüßt sie auch nur »von Gottes Gnaden«, und dass der Herr mit ihr ist, weshalb sie »gebenedeit ist unter allen Frauen«. Darum sind alle die, die ihr soviel Lob und Ehre aufdrängen und das alles auf ihr bleiben lassen als wäre ihr daran gelegen, dass man sie ehrt und von ihr alles Gute erwartet. Das weist sie von sich und will Gott in sich gelobt sehen und durch sich jedermann zu fester Zuversicht auf Gottes Gnade bringen.

Darum, wer sie recht ehren will, darf sie sich nicht allein für sich vorstellen, sondern muss ihr vor Gott und weit unter Gott ihren Platz geben und sie dort von allem und jedem entkleiden und ihre Nichtigkeit, wie sie sagt, ansehen. Danach muss er sich über Gottes überschwengliche Gnade wundern, der ein solch geringes, nichtiges Menschenkind so reichlich und so gnädig ansieht, umfängt und seligpreist.

Von solchem Anblick also sollst du dann dazu getrieben werden, Gott wegen solcher Gnade zu lieben und zu loben. Und dadurch sollst du gelockt werden, alles Gute von solchem Gott zu erwarten, der geringe, verachtete, nichtige Menschen so gnädig ansieht und nicht verschmäht, dass also dein Herz Gott gegenüber im Glauben, in der Liebe und in der Hoffnung gestärkt werde. Was meinst du, mag ihr lieber begegnen, als dass du durch sie zu Gott kommst und durch sie auf Gott zu vertrauen und zu hoffen lernst, wenn du auch verachtet und zunichte wirst. Wo immer das geschieht, im Leben oder im Sterben, will sie nicht, dass du zu ihr kommst, sondern durch sie zu Gott.

Andererseits sollst du vor allem hohen Wesen, wonach die Menschen trachten, dich zu fürchten lernen, wenn du siehst, dass Gott auch in seiner Mutter kein hohes Ansehen fand noch haben wollte. Aber die Meister, die uns die selige Jungfrau so malen und vor Augen stellen, dass nichts Verachtetes, sondern durchweg große, hohe Dinge an ihr zu sehen sind, was tun sie anderes, als dass sie uns der Mutter Gottes allein gegenüberstellen und nicht sie gegenüber Gott! Dadurch machen sie uns schwach und verzagt und verhüllen das tröstliche Gnadenbild, wie man es mit den Tafelaltären in der Fastenzeit tut.

Dann bleibt ja kein Beispiel, dessen wir uns trösten können. Sie wird dagegen emporgehoben über alle Beispiele, die doch das allervornehmste Beispiel der Gnade Gottes sein sollte und gern sein wollte, um alle Welt zur Zuversicht auf die göttliche Gnade, zu Liebe und Lob anzureizen. Alle Herzen sollen doch durch sie eine solche Vorstellung von Gott gewinnen, die da mit aller Zuversicht sprechen kann: »Ei, du selige Jungfrau und Mutter Gottes, wie hat uns Gott an dir so einen großen Trost erzeigt, weil er deine Unwürdigkeit und Nichtigkeit so gnädig angesehen hat: Dadurch werden wir ermahnt, er werde hinfort auch uns arme, nichtige Menschen deinem Beispiel nach nicht verachten und uns gnädig ansehen.«

Was meinst du dazu? Wenn David, Petrus, Paulus, Maria Magdalena und ihresgleichen durch die große Gnade Gottes, die ihnen ohne eigenes Verdienst zu aller Menschen Trost gegeben ist, Beispiele sind, die Zuversicht Gott und den Glauben zu stärken, ist dann nicht auch die selige Mutter Gottes gewiss und gerechtermaßen ein solches Beispiel für alle Welt?

Nun kann sie es wegen ihrer überflüssigen Lobprediger und der unnützen Schwätzer nicht sein. Sie zeigen ja an diesem Vers nicht, wie in ihr der überschwengliche Reichtum Gottes mit ihrer tiefen Armut, die göttliche Ehre mit ihrer Nichtigkeit, die göttliche Größe mit ihrer Kleinheit, die göttliche Güte mit ihrer Verdienstlosigkeit, die göttliche Gnade mit ihrer Unwürdigkeit sich vereinen. Daraus erwuchsen in aller Zuversicht Lust und Liebe zu Gott. Darum auch sind ihr und aller Heiligen Leben und Taten beschrieben worden. Nun aber findet man wohl etliche, die bei ihr wie bei einem Gott Hilfe und Trost suchen, weswegen ich mich sorge, es sei jetzt mehr denn je Abgötterei in der Welt ...

Damit lassen wir es diesmal bewenden und bitten Gott um ein rechtes Verstehen für dieses Magnificat, Gott, der da nicht allein leuchte und rede, sondern brenne und lebe in Leib und Seele.

Das verleihe uns Christus durch Fürbitte und um seiner lieben Mutter Maria willen.

Von der Freiheit eines Christenmenschen, Wittenberg 1520

Von der Freiheit eines Christen-
menschen

Das Jahr 1520, in dem Luther mit der Niederschrift seiner Magnificat-Auslegung begonnen hatte, ist hinsichtlich der Grundlegung seiner reformatorischen Erkenntnis u.a. durch drei Veröffentlichungen gekennzeichnet, die als Grundschriften der Reformation in die Kirchengeschichte eingegangen sind. Luther hat zu diesem Zeitpunkt einen Höhepunkt seiner schriftstellerischen Schaffenskraft erreicht. Er ist als Prediger wie als Schriftsteller zu einer viel diskutierten Gestalt des öffentlichen Lebens in Kirche und Gesellschaft geworden. Hatte er sich bisher in erster Linie an Theologen und Kirchenleitung gewandt, so bezieht er nun weitere Kreise ein. In der ersten dieser drei Schriften »An den christlichen Adel deutscher Nation von des christlichen Standes Besserung« vom August 1520 sind es die politisch Verantwortlichen, der deutsche Adel, an ihrer Spitze der im Jahr zuvor gewählte junge Kaiser Karl V. Herzstück dieser Ausführungen ist die Proklamation des allgemeinen Priestertums aller Getauften bzw. aller Gläubigen. Durch die Taufe sind alle Christen potenzielle Priester. Die so genannten Laien (von griech. »laos«, Volk, insbesondere Gottesvolk) sind nicht länger dem Amtspriestertum der Kleriker als geringeren Standes unterstellt. Wie sie sind auch diese Angehörigen des Gottesvolkes im Vollsinn des Wortes geistlichen Standes. Ferner gehört ein weit schauendes Reformprogramm zum Inhalt der Schrift.

»Von der babylonischen Gefangenschaft der Kirche« (Oktober 1520) ist die lateinisch abgefasste zweite Veröffentlichung betitelt. Sie richtet sich an die Theologen und behandelt speziell die Fragen des Heiligen Abendmahls (Messe). Das Sakramentsverständnis lutherischer Prägung ist damit deutlich umrissen: durch die Aufhebung des Kelchentzugs für Laien, Brot und Wein gelten als unveräußerliche Realsymbole für die Präsenz Christi. Die Vernünfteleien der scholastischen Transsubstantiationslehre werden abgelehnt. Aber Luther hält an der wirklichen Gegenwart Christi im Abendmahl fest und verteidigt diese »Realpräsenz« später auch gegen andere protestantische Zeitgenossen, z.B. Zwingli, Schwenckfeld u.a.

In der dritten Schrift »Von der Freiheit eines Christenmenschen«[80] vom November 1520 bringt der Reformator sein Programm auf die knappe Formel: »Ein Christenmensch ist ein freier Herr aller Dinge und niemand untertan«, nämlich hinsichtlich des Glaubens. Und: »Ein Christenmensch ist ein dienstbarer Knecht aller Dinge und jedermann untertan«, im Dienst der Liebe und Zuwendung zu allen Menschen. »Diese Schrift ist neben dem Kleinen Katechismus das Schlichteste und Tiefste, was Luther der Christenheit hinterlassen hat.«[81]

Oft genug half die Mystik nach originärer spiritueller Erfahrung und nach Glaubensgewissheit verlangenden Menschen, sich geistig wie geistlich zu orientieren. Das ist bis heute so. Martin Luther erging es nicht anders. So kann es nicht verwundern, wenn man inmitten dieser Freiheitsschrift, die den Ertrag der reformatorischen Erkenntnis auf einen einfachen Nenner bringt, Luthers Mystik-Verständnis auf den Vollzug des christlichen Glaubens angewandt findet. Das geschieht im Zeichen der so genannten »Brautmystik«. Sie hat ihn offensichtlich lebenslang begleitet. Was ihren Bild- und Gleichnisgehalt betrifft, so kommt es in ihr zur Begegnung zwischen Braut und Bräutigam, wobei in der Braut die menschliche Seite – die Einzelseele bzw. die Gemeinde – im Bräutigam Christus zu sehen ist.

Mit guten Gründen wird darauf hingewiesen, dass Luther sich in der Regel auf das biblische Zeugnis beruft, nicht zuletzt, wenn er von dieser Spielart der Mystik spricht.[82] Darüber hinaus ist er mit der Tradition der Brautmystik bekannt. Die Hohelied-Predigten Bernhards wurden schon angeführt. Das alttestamentliche Hohelied Salomos war es, das sowohl im Judentum als auch im Christentum auf das Gottesvolk in seiner Beziehung zu Jahwe bzw. Christus gedeutet worden ist. Erstrebt wird die Erfüllung in der glückhaften Vereinigung (»heilige Hochzeit«). In der Mystik handelt es sich um das ersehnte Ziel d.h. in der Unio mystica. Von Johann von Staupitz wusste Luther, dass für ihn Maria die Braut Christi war. Er brachte dies mit der Situation in Zusammenhang, als Maria unter dem Kreuz ihres Sohnes verharrt und dort die geheimnisvollen Worte Jesu vernimmt: »Weib, siehe das ist dein Sohn.« Hierzu Staupitz:

»Weib – nicht mehr Mutter – du wirst nun nicht mehr meine Mutter sein, sondern wenn mir das Herz bricht, wirst du meine Braut sein. Ich bin der Vater, du sollst die

Braut sein, aus der alle Welt geboren wird. Du trägst einen anderen Sohn, das ganze menschliche Geschlecht; du wirst bald gebären, du trägst so viele Kinder, dir möchte das Herz brechen; du trägst nicht im Bauch, sondern im Herzen.«[83]

Seine eigene Anschauung bezüglich Braut und Bräutigam bereitet Luther vor, indem er in den ersten Abschriften seiner Schrift »Von der Freiheit eines Christenmenschen« auf den inneren und auf den äußeren Menschen zu sprechen kommt.

Ein jeglicher Christenmensch ist von zweierlei Natur, nämlich von geistlicher und leiblicher. Nach der Seele wird er ein geistlicher, neuer, innerlicher Mensch genannt; nach dem Fleisch und Blut wird er ein leiblicher, alter und äußerlicher Mensch genannt. Und um dieses Unterschiedes willen wird von ihm gesagt in der Schrift, die sich geradezu widerspricht, wie ich jetzt von der Freiheit, andererseits von der Dienstbarkeit gesagt habe.

So nehmen wir von uns den inwendigen geistlichen Menschen, um zu sehen, was dazu gehöre, daß er ein frommer, freier Christenmensch sei und heiße. So ist offenbar, daß kein äußerliches Ding mag ihn frei und fromm machen, wie immer es mag genannt werden. Denn seine Frömmigkeit und Freiheit, wiederum seine Bosheit und Gefangenschaft sind nicht leiblich noch äußerlich. Was hilfts der Seele, daß der Leib ungefangen, frisch und gesund ist, daß er ißt, trinkt und lebt wie er will? Wiederum was schadet das der Seele, daß der Leib gefangen, krank und matt ist, daß er hungert, dürstet und leidet, wie er nicht gerne wollte? Dieser Dinge reichet keines bis an die Seele, um sie zu befreien oder zu fangen, fromm oder bös zu machen.

...

Wir müssen also gewiß sein, daß die Seele alle Dinge entbehren kann, ausgenommen das Wort Gottes; und ohne das Wort Gottes ist ihr mit keinem Ding geholfen. Wenn sie aber das Wort Gottes hat, so bedarf sie auch keines anderen Dinges mehr, sondern sie hat in dem Wort Gottes schon Genüge. Sie hat damit Speise, Freude, Friede, Licht, Wissen, Gerechtigkeit, Wahrheit, Weisheit, Freiheit und alles Gute im Überfluß.

Diese überaus große Einschätzung des Wortes Gottes, selbst angesichts berechtigter Forderungen der gesellschaftlich Deklassierten z.B. im Bauernkrieg, unterstreicht Luther noch, indem er des weiteren »das einzige Werk und die einzige Übung« aller Christen darin sieht, dass sie sich das Werk und Christus gut einprägen und diesen Glauben ständig üben und stärken«. Das entspricht einer unablässigen Betrachtung und einer Meditation, die im Herzen ihren Sitz hat, sich also nicht allein schon in einem theologischen Bescheidwissen erschöpft. An der – man darf sagen: entscheidenden – Stelle seines Gedankengangs, an dem er die Wirkweise des Glaubens herausstellt, greift nun der Autor auf das Evangelienbild von Braut und Bräutigam zurück. Es dient ihm dazu, um die Innigkeit und Unauflöslichkeit der Liebesgemeinschaft zu unterstreichen, die Gott und Mensch miteinander verbindet. Das Bild, wie es Luther gebraucht, ist als solches freilich den Vorstellungen seiner Zeit entnommen, d.h. denen der vormaligen Unebenbürtigkeit der Frau gegenüber dem Mann. So ist hier der Bräutigam der Reiche, der Inhaber von Gütern, während die Braut diejenige ist, die in großer Dürftigkeit lebt, die er großmütig mit seinen Gaben beschenkt. Es sind

Vorstellungen, die auch im Magnificat anklingen, wenn dort Maria in ihrer Niedrigkeit (humilitas) gesehen wird, wodurch der Grad ihrer Begnadung noch verstärkt wird. Das gilt letztlich für die Seele des sündigen Menschen in seiner Beziehung zu Christus, der sie mit dem neuen Sein beschenkt. Das Erstaunliche geschieht. Es kommt zu einem »fröhlichen Tausch«.

Der Glaube gibt nicht nur dies, daß die Seele dem göttlichen Wort gleich, aller Gnaden voll, frei und selig wird, sondern vereinigt auch die Seele mit Christus wie eine Braut mit ihrem Bräutigam. Aus dieser Ehe folgt, wie Sankt Paulus sagt (Eph. 5,30), daß Christus und die Seele ein Leib werden. Darum werden auch die beiden Güter, Glücks- und Unglücksfälle und alle Dinge gemeinsam. Was Christus hat, das ist Eigentum der gläubigen Seele. Was die Seele hat, wird Eigentum Christi.

So hat Christus alle Güter und Seligkeit. Die sind Eigentum der Seele. So hat die Seele alle Untugenden und Sünden auf sich liegen: die werden Eigentum Christi. Hier beginnt der fröhliche Tausch und Streit: Weil Christus Gott und Mensch ist, der noch nie gesündigt hat und seine Rechtschaffenheit unüberwindlich, ewig und allmächtig ist, so müssen die Sünden in ihm verschlungen und ersäuft werden, wenn er der gläubigen Seele durch ihren Brautring, das heißt den Glauben, sich selbst zu eigen macht und so handelt, wie er gehandelt hat. Denn seine unüberwindliche Gerechtigkeit ist allen Sünden zu stark. So wird die Seele von all ihren Sünden einzig durch ihren Mahlschatz (Brautgeschenk), da heißt um des Glaubens willen, frei und los und mit der ewigen Gerechtigkeit ihres Bräutigams Christi beschenkt.

Ist das nun nicht eine fröhliche (Haus-)Wirtschaft, wo der reiche, edle, rechtschaffene Bräutigam Christus das arme, verachtete, böse Hürlein zur Ehe nimmt und sie von allem Übel befreit, mit allem Guten schmückt? So ist es nicht möglich, daß die Sünden sie verdammen; denn die liegen nun auf Christus und sind in ihm verschlungen. Sie hat auch eine so reiche Gerechtigkeit in ihrem Bräutigam, daß sie wieder gegen alle Sünden bestehen kann, mögen sie auch auf ihr liegen. Davon spricht Paulus (1. Kor 15,57): »Gott sei Lob und Dank, der uns eine solche Überwindung in Christus Jesus gegeben hat, in welcher der Tod mit der Sünde verschlungen ist.«

Aus dem Zusammenhang der Freiheitsschrift geht hervor, dass mit dem Bild von dem Gütertausch nicht etwa nur ein bloßes formalrechtliches Geschehen gemeint sein kann. Vielmehr geht es um eine geglückte Partnerschaft und um das Wunder des Beschenktwerdens. Es geht letztlich um das neue Menschsein, um das neue Leben schlechthin. Dieses in der Innerlichkeit der Seele Begonnene bleibt jedoch nicht auf diesen Innenbereich beschränkt. Vielmehr muss es sich auswirken. Das hat in Werken zu geschehen, die die ganz natürlichen Folgen jenes Innenvorgangs darstellen. Denn:

Gute, rechtschaffene Werke machen niemals einen guten, rechtschaffenen Mann, sondern ein guter, rechtschaffener Mann macht gute rechtschaffene Werke.

Jener wunderliche »Gütertausch« zwischen Christus und dem Menschen, der ihm vertraut, hat somit einen recht konkreten Effekt. Seine Innenseite lässt sich als eine mystische Tatsache beschreiben, seine Außenseite aber soll sich im tätigen Leben eines Christenmenschen Mal um Mal erweisen. Mit »guten Werken« alten Stils, also mit solchen, durch die man sich Stufen in den Himmel bahnen will, hat dieses Wirken nichts zu schaffen. Es ist ja nicht Selbstzweck, sondern die in Freiheit vollzogene Antwort auf das, was die Gnade Gottes erst ermöglicht hat.

Dazu kommt: »Das Vertrauen, das sich an Christus hält, befreit uns von den endlosen Rückfragen nach uns selbst und von den fragwürdigen Selbstvergewisserungen. Luther hat wiederholt betont, wir sollten Christus nicht einfach als Ursache und Vorstellungsobjekt unseres Heils betrachten; es käme hingegen darauf an, ihn als unser Heil selber, gewissermaßen als Lebensgestalt unseres Heils zu bejahen. Er eignet uns auch nicht nur seine Gaben und Werke zu, sondern sich selbst. Damit meint Luther, daß wir uns von Gott selbst in seiner Zuwendung zu uns anrühren lassen. Hier erreicht Luthers Brautmystik ihren Gipfelpunkt, wo der Gütertausch zu einem Tausch oder einer Stellvertretung der Herzen wird, daß uns der Herzschlag eines neuen Lebens erfaßt.«[84]

Demnach ist die Mystik im Leben und in der Spiritualität eingebettet in die Mitte der Existenz des Christenmenschen, der seiner Freiheit gewahr geworden ist und der nun gar nicht anders kann, als sie zu praktizieren.

Gegen die Spiritualisten

Fragt man, von welcher Zeit an bei Martin Luther eine Abkehr von bestimmten mystischen Anschauungen beobachtet werden kann, dann muss man auf die frühe innerprotestantische Problematik hinweisen. Einen nicht unwesentlichen Faktor in seiner kritischen bis abweisenden Bewertung der Mystik stellten die so genannten Spiritualisten dar, die der Wittenberger Reformator bald als »Schwarmgeister« oder »Schwimmelgeister«, bald als »himmlische Propheten« und ähnlich diffamierte. Es handelte sich um so eigengeprägte und geistvolle Persönlichkeiten aus dem Kreis seiner ersten Gefolgsleute wie Andreas Bodenstein aus Karlstadt am Main, genannt Dr. Karlstadt[85], und Thomas Müntzer[86]. Beide kamen von der Mystik her. Und sie waren nicht die Einzigen, die seiner Anregung folgten. Beide waren auf Luthers eindringliche Empfehlung eingegangen, die Predigten Johannes Taulers zu lesen und die ihm zunächst zugeschriebene »Theologia deutsch« zu Herzen zu nehmen.

Diese beiden reformatorisch aktiven Theologen können als Beispiel dafür betrachtet werden, dass man von mystischen Texten je nach eigener Geisteshaltung einen recht unterschiedlichen Gebrauch machen kann – einst wie auch heute. Karlstadt gehörte zu den ersten Wittenberger Professoren, die anfangs die Sache Luthers zu ihrer eigenen machten. War er es doch, unter dessen Geleit als Dekan der Fakultät Luther zum Doktor der Heiligen

Schrift promoviert wurde! Das hinderte den sowohl in der scholastischen Theologie wie im römischen Recht gründlich Geschulten jedoch nicht, seine eigenen Anschauungen temperamentvoll zur Geltung zu bringen und den reformatorischen Prozess in einem Augenblick mit großer Entschiedenheit voranzutreiben, als nach dem Wormser Reichstag allerlei neue Probleme auftauchten. Er war es, der während Luthers unfreiwilligem Wartburgaufenthalt (1521) in Wittenberg die deutsche Messe in beiderlei Gestalt durchsetzte und sowohl auf den traditionellen kirchlichen Bilderschmuck als auch im Gottesdienst auf die priesterlichen Gewänder verzichtete. Karlstadt drängte immer wieder auf die Anwendung mystischer Anschauungen, wenn er beispielsweise sagte:

»Es ist ja ganz unmöglich, daß einer Gottes Freund oder Sohn werde, ohne die inwendige und heimliche Offenbarung Gottes. Ebenso wenig kann es geschehen, daß einer Gottes äußerliches Wort annimmt und für ein Wort des Bräutigams ... hält, wenn sich Gott nicht zuvor oder gleichzeitig im äußeren Gehör mit seinem hellen und lichten Strahl offenbart, soviel daß er hören kann, wer Gott ist, was er will.«[87]

Ein solches Verständnis spiritueller Innerlichkeit stieß jedoch auf Luthers energischen Widerstand, wiewohl eine gewisse Korrespondenz zwischen beider Spiritualität zumindest in diesem Punkt nicht zu leugnen ist. Vom »inneren« und vom »äußeren Wort« weiß natürlich auch Luther. Allein die Akzentuierung in der wechselseitigen Beziehung zwischen dem Innen und Außen weist Unterschiede auf, die für den letztlich siegreichen Wittenberger von großem Gewicht werden sollten.

Sein Widerspruch nahm noch stärkere Formen an in seiner Reaktion auf den überaus rührigen Thomas Müntzer, Prediger in Zwickau und Allstedt. In seinem Aktivismus verbanden sich mystische mit eschatologischen und apokalyptischen Elementen, wie er sie etwa bei Jan Hus und der taboritischen Bewegung wahrgenommen hatte. Theologie und fromme Innerlichkeit, die sich für das Wirken des Heiligen Geistes offenhält, verbanden sich bei Müntzer mit sozialethischen Zielsetzungen, namentlich im deutschen Bauernkrieg von 1524/25, in dem er durch die Sieger ein gewaltsames Ende fand. In seinem anfänglich glühenden Parteigänger, der eine sehr viel konsequentere Durchführung der Reformation verlangte als Luther selbst, meinte dieser den »Teufel leibhaftig« erblicken zu sollen. So war er es, der die sächsische Obrigkeit zur Vernichtung Müntzers aufrief und diese schließlich durchsetzte!

Merkwürdig, dass Luther einerseits mit der Gegensätzlichkeit in der Theologie rechnete und darin der geistlichen Auseinandersetzung den Vorzug gab:

Man lasse die Geister aufeinander platzen und treffen ... Denn wir, die das Wort Gottes führen, sollen nicht mit der Faust streiten ... Predigen und leiden ist unser Amt, nicht aber mit Fäusten schlagen und sich wehren.[88]

Aus der Mystik kommende Impulse werden durch Luther jedoch bei all denen mit Abscheu zurückgewiesen, die einen anderen Weg als er einschlagen, ganz zu schweigen von der

Gewaltbereitschaft, die sich gerade Müntzer in der Durchsetzung sozialer Gerechtigkeit für die geringen Leute im Gegenüber zu den Mächtigen zu Eigen machte. Aber auch der jeder Gewaltanwendung widerstehende Karlstadt ist in Luthers Augen ein seelenmordender Geist, ein »Rottengeist«, d.h. einer, der sich gegen die bestehende Ordnung erhebt und das gemeine Volk verwirrt. In seiner Schrift »Wider die himmlischen Propheten«[89] (1524/25) hat Luther seinem Unwillen mit der ihm eigenen Vehemenz und Maßlosigkeit Luft gemacht, indem er in Karlstadt wie in Müntzer Inkarnationen des Satans und Träger jenes mörderischen Geistes meinte erkennen zu müssen. Dieser abstoßenden Karikatur seiner noch bis vor relativ kurzer Zeit geachteten Kollegen fügt er die Vermutung hinzu, sie hätten die Stufen des von ihnen beschrittenen mystischen Innenwegs noch bei weitem nicht durchlaufen, nämlich die der »Entgröbung« als Verzicht auf grobe Sünden, der »Gelassenheit« und der »Studierung«, worunter ein Nachdenken bzw. Meditation über gute Vorsätze und Zielsetzungen gemeint sind, die ihrerseits zur »Besprengung« mit dem Heiligen Geist und in die Vereinigung mit Gott hineinführen sollen. Mit dem Abtun äußerer bzw. zur Veräußerlichung veranlassender Bilder, wie Karlstadt und auch Müntzer sie in Szene setzten, ist offensichtlich nicht das getan, was die von Luther in den Blick gefasste Reformation meint.

𝕰s wäre mein Rat, daß man den großen Heiligen von den Sünden hülfe ... Denn ob sie (die »Bilderstürmer«) wohl den Bildern feind sind, ist doch zu besorgen, sie seien noch nicht so weit entgröbet, noch in die Studierung und Verwunderung und Besprengung gekommen, daß sie dieselbigen von sich selber weg könnten werfen. Ist auch vielleicht die Menschheit noch so schwach, daß auch die lebendige Stimme vom Himmel nicht genug sei. Es hat noch einen Fehler mit diesem Bilderstürmen, daß sie selbst ohne Ordnung drein fallen und nicht mit ordentlicher Gewalt fahren, wie denn ihre Propheten stehen, schreien und hetzen den Pöbel.[90]

Was die Bilder anlangt, so verweist Luther darauf, wie die Bibel selbst, somit auch das von ihm jüngst verdeutschte Neue Testament voll von Bildern ist. Engel, Menschen und Tiere kommen darin vor, vor allem in den dramatischen Bildfolgen der Offenbarung Johannis. Deren Zeichen- und Hinweischarakter schätzt er so hoch ein, dass er es für empfehlenswert hielt, sie den Menschen nach wie vor zugänglich zu machen, damit sie zu einem besseren, tieferen Verständnis des Evangeliums und des Wortes Gottes überhaupt gelangen.

Es ist ja besser, man male an die Wand, wie Gott die Welt schuf, wie Noah die Arche baute und was mehr guter Historien sind, denn daß man sonst irgend weltlich unverschämte Dinge male. Ja wollte Gott, ich könnte die Herren und die Reichen dahin bereden, daß sie die ganze Bibel inwendig und auswendig an den Häusern vor jedermanns Augen malen ließen. Das wäre ein christliches Werk.

Was Luther an den »himmlischen Propheten« am meisten stört, ist freilich nicht allein deren Berufung auf die Mystik, wiewohl er sie wegen ihrer »Geisterei«, d.h. wegen ihrer Betonung des spirituellen Aspekts in Kultur und Frömmigkeit verspottet. Es ist vor allem die Verquickung dieser

124

Anschauung mit einer neuen Gesetzlichkeit und Askese, die die errungene Freiheit des Christenmenschen wiederum verrate. Das Gesetz Mosis sei doch überwunden. Daher Luthers Erwiderung:

Ehe ich dem seelenmörderischen Geist (d.i. Karlstadt) wollte ein Haarbreit oder einen Augenblick weichen, unsere Freiheit zu lassen, wie sie Paulus lehrt, ich wollte eher noch morgen so ein gestrenger Mönch werden und alle Klosterei so festhalten, als ich je getan habe. Es ist hier kein Scherz mit der christlichen Freiheit. Die wollen wir so rein und unversehrt haben als unseren Glauben, wenn selbst ein Engel vom Himmel (käme und) anderes sagte. Sie hat unserm lieben Heiland und Herrn Jesus Christus zu viel gekostet. So ist sie uns auch allzu not, wir mögen ihr bei Verlust der Seligkeit nicht entraten ... Dr. Karlstadt ist aus dem Reich Christi gefallen und hat Schiffbruch am Glauben erlitten. Darum will er uns auch heraus haben in die Werke, und will schlechthin auch Galater aus uns machen.[91] Denn siehe doch, lieber Mensch, welch eine grobe Blindheit das ist ...[92]

Einen Streitpunkt stellt ferner die Frage nach der geistlichen Grundlage des Sakraments dar. Während Karlstadt und die übrigen Spiritualisten darauf pochen, dass es einzig und allein auf die spirituelle, die mystische Dimension ankomme, dass man auf das leibliche Essen und Trinken beim Abendmahl auch verzichten könne, hält Luther an der Doppelgestalt der sakramentalen Christusgegenwart in Brot und Wein fest. Da ist ihm einerseits ebenso wichtig wie seinen Kontrahenten, dass die Messe, das heilige Abendmahl in der Muttersprache gefeiert werde, – eine Forderung, der Karlstadt und Müntzer nicht nur zustimmten, sondern der sie sogar noch vor Luther tatsächlich entsprochen haben. Wichtig ist ihm andererseits, dass Wort und Sakrament Mal um Mal »ins Herz« eingesenkt werde, wodurch an der mystischen Vergegenwärtigung der Heilstat Christi unverbrüchlich festgehalten ist. Man sollte meinen, dass der Reformator zumindest in dieser Hinsicht seinen theologischen Gegnern sehr viel näher sei als er selbst wahrhaben wollte. Umso unverständlicher erscheint seine Aggressivität und Unversöhnlichkeit, mit der er Andersdenkenden gegenübertrat. – Auf die Zusammengehörigkeit des Inneren und des Äußeren, also auf die Unverzichtbarkeit des sichtbaren Zeichens, legte er stets großen Wert.

Nun geben wir niemand das Sakrament, er verstehe denn die Worte im Sakrament, wie man wohl weiß ... Denn wer mit solchem Verstand zum Sakrament geht, daß er die Worte deutsch und deutlich im Herzen hat: »Nehmet hin und esset, das ist mein Leib«, welches er aus den vorangehenden Predigten lernt und merkt und dann und damit das Sakrament empfängt, der empfängt es recht und hört nicht nur Zungen reden, sondern rechten Verstand. Wiederum: wer sie nicht ins Herz faßt und versteht, noch darauf das Sakrament empfängt, dem hilfts nicht, wenn tausend Prediger um seine Ohren her stünden und schrieen sich toll und töricht mit solchen Worten.

...

Denn wenn wir nun gleich die deutsche Messe überkommen, wirds doch nicht genug sein, daß man die Worte im Sakrament auf deutsch redet ... ehe man das Sakrament empfängt, daß sie, so hinzugehen, müssens doch im Herzen haben und nicht (nur) in den Ohren.[93]

126

Im nachgereichten zweiten Teil von »Wider die himmlischen Propheten« gibt Luther nochmals seiner Überzeugung in kaum veränderter Form Ausdruck, dass »Glaube und Geist inwendig in gutem Gewissen« bewahrt werden müsse, dass aber um der Realpräsenz Christi willen und wohl auch unter Rücksichtnahme gegenüber geistlich ungeübten Menschen an den äußeren Zeichen festzuhalten sei.

So nun Gott sein heiliges Evangelium hat ausgehen lassen, handelt er mit uns auf zweierlei Weise. Einmal äußerlich, das andere Mal innerlich. Äußerlich handelt er mit uns durchs mündliche Wort des Evangeliums und durchs leibliche Zeichen, als da ist Taufe und Sakrament. Innerlich handelt er mit uns durch den Heiligen Geist und Glauben samt anderen Gaben. Aber das alles nach Maß und Ordnung, daß die äußerlichen Stücke sollen und müssen vorangehen und die innerlichen hernach und durch die äußerlichen kommen, also daß ers beschlossen hat, keinem Menschen die innerlichen Stücke zu geben ohne durch die äußerlichen Stücke. Denn er will niemand den Geist noch Glauben geben ohne das äußerliche Wort und Zeichen, so er dazu eingesetzt hat.[94]

Weil Luther bei seinen protestantischen Widersachern eine Verkehrung der göttlichen Ordnung vermutet, ja weil er gewiss ist, dass sie das äußere Wort und Zeichen missachtet und »einen innerlichen Geist« daraus gemacht hätten, von dem in der Schrift nichts zu finden sei, deshalb wirft er ihnen nochmals vor, mit der Berufung auf die innere Erfahrung Schindluder zu treiben. Er lässt sich in seiner Erwiderung insbesondere auf Karlstadt zu Äußerungen hinreißen, die in der Sache wie im Ton bestürzen. Sie könnten für sich genommen als eine Absage an die mystische Erfahrung als solche gedeutet bzw. missdeutet werden. Karlstadts insistierendes Reden vom »Geist« empfindet er als eine widergöttliche Handlung, die alles niederreißt, »Brücken, Steg und Weg, Leiter«. Und was die Stadien des mystischen Innewerdens betrifft, so unterscheide es sich nicht von fragwürdigem »Gaukelwerk«, bei dem selbst Träume mit dem reinen Gottes Wort gleichgesetzt werden. Aus dem Folgenden ergibt sich immerhin, dass für ihn der Glaube und das rückhaltlose Vertrauen auf die Erlösungstat Christi – somit eine Mystik des Glaubens – die wahre Innerlichkeit darstellt. Die kann Luther nicht preisgeben. Dass damit sein Interesse an der Mystik, wie es in der Anfangszeit des reformatorischen Prozesses aufgeleuchtet ist, nicht etwa vergangen ist, dafür stehen immerhin eine Reihe von Belegen aus seiner späteren Schaffenszeit. Darauf ist im abschließenden Textzusammenhang dieser Auswahl zurückzukommen.

Was Gott innerlich ordnet, als den Glauben, das gilt (ihnen) nichts. Sie fahren zu und nötigen alle äußerlichen Worte und die Schrift, die auf den innerlichen Glauben dringen, auf eine äußerliche neue Weise, den alten Menschen zu töten, und erdichten allhier (Begriffe wie) Entgröbung, Studierung, Verwunderung, Langeweile und des Gaukelwerks mehr, da nicht ein (einziger) Buchstabe davon in der Schrift steht. Daher plumpst mein Karlstadt herein wie eine Sau, die nun Perlen gefressen, und wie ein Hund, der das Heiligtum verschlungen hat, und zerreißt alles, das Christus redet, und setzt vom innerlichen Glauben auf solche äußerlichen, erdichteten Werke, sogar auch, daß er aus dem Abendmahl Christi und seinem Gedächtnis und aus der Erkenntnis Christi nichts anderes macht denn ein menschlich Werk.[95]

Elemente der Brautmystik

Wenn auch ein Großteil der Äußerungen zur Mystik in die besprochene erste Schaffensperiode Luthers fällt, so ist nach dem bisher Gesagten daraus nicht etwa der Schluss zu ziehen, dass er auf der Höhe seiner Wirksamkeit auf den Gebrauch mystisch zu nennender Bilder verzichtet und der mystischen Spiritualität ein für alle Mal Abschied gegeben hätte. Aber davon kann nicht die Rede sein. Die Strahlkraft der Mystik mag während seiner Auseinandersetzung mit den so genannten »himmlischen Propheten«, mit Andreas Bodenstein-Karlstadt, Thomas Müntzer und anderen, verdunkelt worden sein, unwirksam geworden ist sie für ihn nicht. Dafür gibt es mancherlei Belege. Sie finden sich u.a. in Predigten und Betrachtungen, in denen das Motiv von Braut und Bräutigam zur Geltung kommt. Das geschieht im Rahmen der Brautmystik, die bereits in »Von der Freiheit des Christenmenschen« (1520) angeklungen ist.

Ein solcher Beleg findet sich in einer Psalmen-Auslegung, die auf das Jahr 1532 zurückgeht[96]. Der mystischen Gestimmtheit dieses Textes entspricht eine Auslegung, in der Luther sich der allegorischen Redeweise bedient, d.h. er erklärt den biblischen Wortlaut so, dass er über die Bedeutung einzelner Worte und Bilder nachsinnt. Er selbst nennt dies eine »heimliche«, den spirituellen oder mystischen Sinngehalt erhebende Deutung, während ihm im Laufe der Jahre die reale »schlichte« Wortbedeutung eines biblischen Textes immer wichtiger geworden ist. Ihm kam es auf Lebensnähe und Konkretheit an, theologisch gesprochen: Wichtig war ihm stets der inkarnatorische Aspekt des Evangeliums, Gottes Deszendenz, seine Selbsterniedrigung in Jesus Christus gemäß Phil 2,8.

Luther geht vom 10. Vers des 45. Psalms aus, wo es heißt:

»In deinem Schmuck gehen der Könige Töchter. Die Braut stehet zu deiner Rechten in eitel köstlichem Golde.«

Daran schließen sich die Erwägungen des Predigers an.

Er malt hier die Braut, die Hochzeit und das Frauengemach ab, denn das gehöret zu der Hochzeit, daß er spricht, daß der Könige Töchter geladen da sind und alle in des Königs Farbe einhergehen. Ich verstehe aber hier »der Könige Töchter« schlicht, wie die Worte an sich selbst lauten. Denn das Evangelium beruft nicht nur die geringsten Leute, wie Paulus im 1. Korinterbrief spricht, sondern auch die Edlen und Vornehmensten in der Welt. Und wiewohl nicht viel Gewaltige dem Evangelium glauben, werden doch nicht nur die armen und geringen Leute, sondern auch etliche Fürsten berufen, welche zu dem Glauben kommen; und es sind nicht alle Reichen und Gewaltigen des Teufels, sondern Gott hat auch einen Teil an den Fürsten.[97]

...

Wem nun die heimliche (mystische) Deutung mehr gefällt, der mag derselbigen (in dem Sinne) nachfolgen, daß er hier auch die geringsten Leute Könige heißet, welche Kronen auf ihrem Haupt haben, wie die Kirche in St. Johannes Offenbarung gemalt wird: daß eine jegliche Seele des Königs Tochter sei. Denn der Glaube an Christus Jesus ist die Krone; die Harfe aber in den Händen ist die Predigt, durch welche Christus durch die ganze Kirche

130

verkündigt wird, daß also ein jeglicher Prediger ein Harfenschläger Gottes sei. So haben sie auch Räuchergefäße, welche das Gebet bedeuten. Denn das sind die zwei vornehmsten Stücke in der Kirche, die Predigt und das Gebet, welche unser Opfer und Dienst sind, die allein Gott zugehören und durch welche wir Priester werden.

Luther geht den obigen Psalmvers entlang und unternimmt es, die einzelnen Bildworte Zug um Zug aufzuschließen, teils durch »heimliche Auslegung«, wenn er etwa unter »der Könige Töchter« die Christenheit als Ganzes oder die einzelne gläubige Seele versteht. Dabei muss er jedoch einräumen, dass ihm solche Deutungen in Anwendung der allegorischen Auslegung insofern problematisch erscheinen, als sie »im Allgemeinen von der Wahrheit und von dem einfältigen Verstand des Glaubens und der Schrift« wegführen. Aber ganz ohne Bilder kann und will der Prediger ebenso wenig auskommen wie die Schrift selbst. Wenn daher vom »Schmuck« der Königstöchter gesprochen wird, denkt er etwa an »die Krone des Glaubens« und an Liebe, Hoffnung und Geduld als Ausdruck für die kostbaren Kleider. Von da geht die Betrachtung zu den Hauptpersonen, nämlich zu Braut und Bräutigam.

Die Königin, seine Gemahlin, nennt er die Braut. Dieselbige steht in eitel köstlichem Golde. Diese Braut ist die Kirche und die ganze Gemeinschaft, besonders insoweit sie aus der Synagoge und dem Judentum genommen ist ... Es ist aber die eine Braut, aus allen diesen Gliedern, aus Königen, Fürsten, geringen, armen Leuten, Jungfrauen, Eheleuten, aus diesen allen versammelt, nämlich die Kirche. Das ist aber allgemein bekannt, daß Christus der

Bräutigam und die Gemeinde die Braut sei, wie Epheser 5,31 f. Denn durch die Taufe und das Wort des Evangeliums beruft er sie, schmückt und bekleidet sie mit seiner Barmherzigkeit, Gnade, Vergebung der Sünden. Das ist, was er sagt: »Zu deiner Rechten«.

Das ist ein sehr großes Lob, und es ziemt sich auch, daß niemand dem Bräutigam näher sei als die Braut. Darum ist das das größte, daß die Gemeinde alles dasjenige hat, was des Herrn Christus ist. Und es ist ein Leib aus allen beiden geworden. Das, was der Kirche ist, dasselbige sei auch des Herrn Christus, und wiederum, was Christus hat, daselbige habe auch die Kirche.

Diese Dinge aber sind größer als ein Mensch angemessen aussprechen oder auch mit dem Herzen fassen kann. Jedoch werden sie durch den Ehestand von ferne angedeutet. Denn wo die allergrößte Liebe zwischen Braut und Bräutigam ist, da ist eine Treue, ein Leib, ein Sinn und Gemüt.

Zwischen Christus aber und der Kirche ist das alles wahrhaftig vorhanden. Denn der leibliche Ehestand ist nur eine Figur und Andeutung dieser geistlichen Hochzeit, wo Christus der Bräutigam ist und alles der Kirche schenkt, was er hat. Darum ist das der christlichen Gemeinde Stolz, daß sie sich nicht ihrer Weisheit und Gerechtigkeit, sondern der Gerechtigkeit und Weisheit ihres Bräutigams, des Herrn Christus und alles dessen, was er hat, rühmt. Denn in dem leiblichen Ehestand, wenn Mann und Frau sich verehelichen, da wird ein Leib, ein Gut daraus. Die Kinder und alles andere sind ihrer beider. Die Frau ist ebenso Herr über Mannes Gut wie der Mann selbst, und ist kein Unterschied zwischen ihnen, außer daß der Mann der Herr der Frau ist. Gegenüber den anderen aber, welche nicht die Hauswirte sind, sondern das Hausgesinde, da ist das Weib genauso Herr über alles wie der Mann.

So anerkennt die Kirche Christus als ihren Herrn. Entgegen

anderen Leuten aber spricht sie von allen Gaben des Bräutigams: diese Dinge sind mein. Wenn sie die Sünde anficht, so ergreift sie Christi, ihres Bräutigams Gerechtigkeit und spricht: Ich habe meines Bräutigams Gerechtigkeit. Dieselbige ist mein, darum halt du das Maul. Dergleichen auch, wenn sie der Teufel anschreit und erschrecken will, so wendet sie sich zu ihrem Bräutigam und spricht zum Teufel: Wenn du schon in mir Sünde findest, so wirst du doch nie in Christus, welcher mein ist, eine Sünde finden. Derhalben laß mich zufrieden.

Ebenso auch wenn sie traurig und bekümmert ist, spricht sie: In meinem Bräutigam ist das Leben, Gnade, Friede, Freude und Seligkeit. Diese Dinge sind mein, denn Christus ist mein. Warum erschreckst du mich denn? Darum ist sie schlechthin eine gewaltige Königin und Herrscherin über den Tod, Sünde, Schrecken und alles dasjenige, was der Teufel hat, und besitzt mit vollkommenem Recht in Christus das Leben, die Gerechtigkeit, Gnade und Seligkeit wie eine Königin.

Es fällt auf, dass Luther das Verhältnis von Braut und Bräutigam – ähnlich wie schon in »Von der Freiheit eines Christenmenschen« – weniger auf die erotische Innigkeit der Beziehung abstellt, wie sie sich aus der Vereinigung zwischen zwei Geliebten ergibt. Ihm ist auffälligerweise an den Gaben gelegen, die die beiden Partner einander als Besitzgüter übereignen. Das mag der allgemeinen Interessenlage der Zeit entsprechen. Für den Reformator sind es keine anderen Dinge als die der Gottesgabe Gerechtigkeit, von der sich mit der Vergebung aller Sünden das neue Leben in Christus herleitet. Für den in dieser Hinsicht recht realistisch an Hab und Gut Denkenden liegt hier der »ganze Schatz«.

Denn die Vergebung der Sünden und der ganze Schatz der göttlichen Barmherzigkeit hat nicht herrlicher uns gezeigt und abgemalt werden können, als daß die Kirche eine Braut Christi genannt wird. Denn aus solchem Bild folgt das, daß die Braut alles hat, was des Herrn Christus ist. Was hat aber der Herr Christus? Das hat er: nämlich die ewige Gerechtigkeit, Weisheit, Gewalt, Wahrheit, das Leben, die Freude und Gnade.

Darum ist die Kirche auch Herr und Königin über die Barmherzigkeit, das Leben, Seligkeit und alles andere. Was man deshalb von der heiligen Jungfrau Maria in der Kirche gesungen hat, das sänge man deshalb rechtmäßiger von der Kirche, von der man auch singen sollte, daß sie herrsche und regiere über den Tod, die Sünde, Hölle, Teufel und alle Schrecken und alles Unglück, welche Teufel und Menschen mit sich bringen. Solches hat sie nicht durch ihre Kraft und Verdienst, sondern des Bräutigams Christus, welcher ihr allen diesen schönen Schmuck an den Hals gehängt, welcher den Tod ihretwegen mit Füßen getreten, ihr das Leben gegeben und mit seinem Blut sie von allen Gefahren erlöset hat.

Darum hat sie diese Dinge alle von ihrem Bräutigam und sie kann mit Recht sagen

zu den Ketzern: die Weisheit ist mein,
zu den Heiden: die Gerechtigkeit ist mein,
zu den Juden: der Gottesdienst ist mein,
zum Tode: das Leben ist mein,
zu der Sünde: die Vergebung der Sünden ist mein,
zu dem Gesetz: die Freiheit ist mein,
zu den Schrecken: der Friede und die Freude sind mein.

Dies alles aber habe ich nicht von mir, noch durch meine Kräfte, sondern durch Jesus Christus, meinem Bräutigam.

134

Auf den ersten Blick unterscheiden sich diese Worte kaum von den Phrasen einer lehrhaften Predigt, die theologische Erwägungen mitteilen will. Tatsächlich ist es dem Prediger dieser Psalmenauslegung darum zu tun, dass das Gesagte innerlich angeeignet wird. Anzueignen, das heißt in den Grund des Herzens aufzunehmen ist das, was sich der rationalen Begreiflichkeit entzieht und das Verständnis übersteigt. Gefordert ist eine Aktivität des inneren Menschen. Deshalb der Appell zur immer tiefer eindringenden Meditation und schließlich zur wortlosen Kontemplation: »Ergreife ihn!« Ergreife das Leben, das der Christus ist! Es reicht über äußerlich verfügbare Güter und Gaben hinaus. Das besagt der Rat, man solle die Worte des Heiligen Geistes »recht bewegen«. Schlägt man die Weihnachtsgeschichte auf und liest, wie Maria als junge Mutter die Ereignisse der Christgeburt aufgenommen und empfunden habe, dann begegnen einem in der lutherischen Verdeutschung von Lukas 2,19 dieselben Vokabeln: »Maria behielt alle diese Worte und bewegte sie in ihrem Herzen.« Unschwer lässt sich eine Brücke schlagen zwischen der »Gottesgeburt im Seelengrund«, wie wir sie von Eckhart oder Tauler her kennen, zu dieser Herzenserfahrung, auf die Martin Luther setzt.

Darum sind das große und teure Worte, wenn du hörst, daß Jesus Christus ein Bräutigam und die Kirche die Braut sei. Ja, es sind göttliche und unausgründliche Worte, welche kein menschliches Herz begreifen und bei welchem man nie auslernen kann. Deshalb, welche sich rühmen, daß sie die Dinge wissen und verstehen, zu denen sprich, daß sie nur einen Klang und Laut von dieser Lehre gehört und wie von ferne nur einen Rauch davon gesehen haben. Die Sache aber an sich selbst verstehen sie gar nicht.

Das sage ich aber darum, daß ich euch reize, diese Worte des Heiligen Geistes recht zu bewegen und zu bedenken, welche er uns zu Trost so redet, damit wir lernen, diese Worte hoch zu halten und weit auszubreiten. Denn es ist niemand, der in dem Teil allzu kühn sei und Christus allzu stark ergreifen möchte. Hier ist nichts zu viel.

Ergreife ihn, so fest wie du kannst, so wirst du doch sehen, daß dir noch was fehlt und du diesem Bräutigam gar nicht so sehr zu vertrauen vermagst, wie er von dir fordert und uns vonnöten ist. Denn da ist der Satan, die Sünde, unser Fleisch und Blut, unsre Vernunft. Dieselbigen widerstreben diesem Greifen. Jedoch so du ihn erwischest, es sei viel oder wenig, so hast du den Bräutigam und durch ihn das Leben und die Seligkeit.

...

Denn wir sind alle wahrhaftige Könige ... und tragen alle goldene Kronen, aber durch den Glauben; welcher Gläubige mit den Erscheinungen, die ihm entgegen sind, stets ficht und ringt. Deshalb ist nichts schwerer als dieses geistliche Hochgefühl, welches in Christus ist. Und wollte Gott, daß wir dieses Hochgefühl vollkommen lernen und einüben können!

...

Darum laßt uns alle zuerst dessen befleißigen, daß wir Christus wohl lernen erkennen, daß wir uns diesen Triumph, Sieg, Majestät und Herrlichkeit, welche wir in Christus haben, mit allem Hochgefühl zueignen.

Zeugnisse spiritueller Erfahrung und mystischer Theologie

Die mystische Theologie ist eine auf Erfahrung, nicht auf Lehre bezogene Weisheit (sapientia experimentalis et non doctrinalis).[98]

Mit diesem Wort hat Martin Luther in konzentrierter Weise zum Ausdruck gebracht, worauf sein eigener Glaubens- und Erkenntnisweg beruht, ein Weg, der analog zum Fortgang der Reformation wohl unterschiedliche Phasen aufweist, deren Zielrichtung jedoch auch bei unterschiedlicher Akzentuierung Gültigkeit behält. Lebenslang beruft er sich beispielsweise auf die Schrift als die einzige dem Christenmenschen zugängliche und alleinverbindliche Autorität. Er habe nichts anderes gesucht, »denn daß die Heilige Schrift und göttliche Wahrheit an den Tag käme«, so liest man in der Vorrede zum Katalog oder Register der Schriften Luthers aus dem Jahr 1533. Und als er seine Vorrede zum ersten Band der Wittenberger Ausgabe seiner deutschen Schriften 1539 niederschreibt, da wird diese zu einer praktischen Anweisung für das Christsein als solches, ja für das Theologesein. Seiner Überzeugung nach besteht es darin, die Heilige Schrift in großer Achtsamkeit zu lesen und auf die lebendige Stimme des Evangeliums (viva vox Evangelii) aufmerksam zu hören. Es duldet dabei keinen Zweifel, wo für ihn das auch hier apostrophierte Ereigniszentrum dieses Vorgangs liegt, denn:

Christus, der Meister, lehret im Herzen, doch durch das äußerliche Wort seiner Prediger, die es in die Ohren treiben, aber Christus treibts in das Herz.[99]

Erstlich sollst du wissen, daß die Heilige Schrift ein solch Buch ist, das aller anderen Bücher Weisheit zur Narrheit macht, weil keines vom ewigen Leben lehret ohne dies allein ... Knie nieder in deinem Kämmerlein und bitte mit rechter Demut und Ernst zu Gott, daß er dir durch seinen lieben Sohn wolle seinen Heiligen Geist geben, der dich erleuchte, leite und Verstand gebe ...

Zum andern sollst du meditieren, das ist: nicht allein im Herzen, sondern auch äußerlich die mündliche Rede und buchstabische Wort im Buch immer treiben und reiben, lesen und wiederlesen, mit fleißigem Aufmerken und Nachdenken, was der Heilige Geist damit meinet. Und hüte dich, daß du nicht überdrüssig werdest oder denkest, du habest es einmal oder zweimal genug gelesen, gehöret, gesagt und verstehest es alles zu Grund. Denn da wird kein sonderlicher Theologus nimmer mehr daraus, und sind wie das unzeitige Obst, das abfället, ehe es halb reif wird ...

Zum dritten ist da »tentatio«, Anfechtung. Die ist der Prüfstein, die lehret dich nicht allein wissen und verstehen, sondern auch erfahren, wie recht, wie wahrhaftig, wie süß, wie lieblich, wie mächtig, wie tröstlich Gottes Wort sei, Weisheit über alle Weisheit.[100]

So sparsam der Reformator ist, esoterische, d.h. tief innen veranlagte Eigenerlebnisse weiterzusagen oder gar damit zu prunken, so kannte er doch selbst solche Zustände der Ekstase, wie er bereits in seinen Resolutionen zu den 95 Thesen durchblicken ließ. Er nannte bisweilen »das Hineingerissensein des Geistes in die klare Erkenntnis des Glaubens«[101] mit dem Terminus der Mystik »raptus«. Und

138

weil er den Glaubensakt als einen Akt des Einswerdens mit Christus begriff, nannte er diesen Glauben selbst einen »raptus«, weshalb bei ihm von der Entfaltung einer Glaubensmystik gesprochen werden kann. In seiner Vorlesung über den Hebräerbrief (1517/18) heißt es hierzu:

Der Christusglaube ... ist ein Hinweggenommen- (raptus) und Entrücktwerden (translatio) von allem, das innen und außen fühlbar ist, auf das hin, was weder innen noch außen fühlbar ist, eben auf Gott, den unsichtbaren, gar hohen, unbegreiflichen ...

Der Glaube läßt ja das Herz heften und hängen an das Himmlische, läßt es ganz und gar hingerissen werden und verweilen in dem Unsichtbaren (penitusque rapi et versari in invisibilibus) ... Denn so geschieht es, daß der Gläubige zwischen Himmel und Erden hängt und »mitten zwischen den Grenzen«, wie Psalm 68,14 sagt, »schläft«, d.h. in Christus, in der Luft hängend, gekreuzigt wird.[102]

Nicht unterschlagen darf man in diesem Zusammenhang kritische Äußerungen, die darauf hinauslaufen, dass Gott nicht wolle, dass wir »hingerissen, sondern erprobt werden«. Die Umarmung Christi meint nicht lieblichen Genuss, sondern »Tod und Hölle« (mors et infernus). Nah sei uns Gott letztlich in der Menschheit Christi, und zwar in dessen Knechtsgestalt. Deshalb hält er nicht viel von jenen, die meinen, sich in Akten einer vermeintlichen Selbsterlösung eine Leiter in den Himmel bauen zu können. Und sollten sie es trotzdem schaffen, auf wen treffen sie da?

Wenn sie mit dem Kopf durch den Himmel bohren und sehen sich in dem Himmel um, da finden sie niemand, denn Christus

liegt in der Krippe und in eines Weibes Schoß. So stürzen wir
wieder (vom Himmel) herunter und brechen uns den Hals ...
(Deshalb:) fange unten an und nicht oben ... in Christus sehe ich,
was Gott in seinem heimlichen Willen hat.

Damit verbindet der Ausleger die Abwehr jeglicher an den
egoistischen Leistungswillen gebundener Werke, selbst
wenn sie darauf abgestellt sein sollten, Christus im Sinne
einer Imitatio, wie man sie von der Devotio moderna her
kennt, ähnlich zu werden.

Wer darum sich Christo nachbilden will als einem Vorbild, muß
zuerst in festem Glauben fassen, daß Christus für ihn gelitten hat
und gestorben ist als göttliches Zeichen (sacramentum). Gewaltig
also irren die Leute, welche versuchen, sogleich mit Werken und
Anstrengungen der Buße die Sünde zu tilgen und gleichsam mit
dem Vorbild (exemplum) zu beginnen, wo sie mit dem göttlichen
Zeichen (sacramentum) anheben sollten.[103]
        Wer an Christus glaubt, haftet in Christus, ist eins mit Christus,
hat dieselbe Gerechtigkeit mit ihm.[104]

Es ist darauf aufmerksam gemacht worden, dass das oft
verwendete Begriffspaar »sacramentum« (für Zeichen) und
»exemplum« (für Vorbild) von Luthers frühem Studium
der Schriften Augustins herrühre, speziell aus dessen »De
trinitate« (Buch IV, Kap. 3). Und was die Kontinuität
mystischer Vorstellungen anlangt, so durchziehen solche
das gesamte Lebenswerk des Reformators. »Das setzt uns
in Erstaunen, weil unsere Ansicht von Luthers Erlösungs-
und Rechtfertigungslehre allzusehr von der Systematisie-

rung der lutherischen Orthodoxie und den von daher bestimmten Lehrbüchern geprägt ist.«[105]

Immer neue Wendungen findet Luther, um die Dynamik und die Spontaneität des Glaubensvollzugs zum Ausdruck zu bringen. Oft sind es Wendungen wie das »Hinüberspringen«, das »Hinübergeworfenwerden«, das »Ansichreißen« des Christus, bisweilen auch die »Zusammenleimung« (conglutinatio) von Christus und dem sündigen Menschen. Er lässt sich als ein anderer Ausdruck für den sonst gemiedenen Terminus der Unio mystica auffassen. Darunter finden sich unter Bezug auf das Hohelied auch Anklänge an die, wie wir gesehen haben, von ihm mehrfach bedachte Brautmystik.

Der wird auf Christi Schultern getragen, der im Glauben auf ihn sich stützt. Und eben er wird seliglich den Hinübergang gewinnen mit der Braut, von der geschrieben steht (Hoheslied 8,5), sie steige herauf durch die Wüste und stütze sich auf ihren Geliebten.[106]

Mystische Bildhaftigkeit ist für Luther stets ein realsymbolischer Ausdruck. Er sorgt sich darum, dass er durch die verwegene Preisgabe des Leibhaften nicht spiritualistisch entleert werde, sondern seine Wirklichkeitsnähe bewahrt. Derjenige, eben Jesus Christus, der »Fleisch geworden« (incarnatus est), will auch in der Betrachtung für uns seine Realpräsenz bewahren. Ist dies der Fall, dann kann sich Luther den spirituellen bzw. mystischen Aspekt des Evangeliums voll zu Eigen machen; dann kann er seinen Tod »in Christi Wunden« geborgen sehen.

Ich glaube an den Sohn Gottes, der für mich gelitten hat, sehe meinen Tod in seinen Wunden und nichts sehe und höre ich als ihn. Das heißt Glaube Christi und Glaube an Christus. Die Schwärmer sagen, geistigerweise ist er in uns, das heißt spekulativ, realiter aber, sagen sie, ist er droben. Aber es muss Christus und der Glaube verbunden werden, und wir müssen im Himmel weilen und Christus im Herzen. Es geht nicht spekulative, sondern realiter zu.

Bleibt nur noch darauf hinzuweisen, dass Luther das »mystische Verständnis der Rechtfertigung als Lebens- und Liebesgemeinschaft mit Christus«[107] ebenfalls noch gegen Ende seines Lebens aufrecht erhielt. Wenn er daher den Glauben als ein »Erkenntnisgeschehen« begriff, dann verstand er darunter alles andere als eine theologisch-rationale Kopfgeburt, sondern in Anknüpfung an 1. Mose 4,1 eine mystische Liebesvereinigung, eine »heilige Hochzeit«. Das von Luther hier und auch sonst nie preisgegebene »irdische Zeichen« ist in diesem Fall der eheliche Vollzug.

Der Glaube ist eine experimentale Erkenntnis und findet Ausdruck in dem Wörtchen: »Adam erkannte sein Weib«, d.h. in der Erfahrung (sensu) erkannte er sie als sein Weib, nicht spekulativ und historisch, sondern experimentaliter. Der historische Glaube sagt zwar auch: Ich glaube, dass Christus gelitten hat, und zwar auch für mich, aber er fügt nicht diese sensitive und experimentale Erkenntnis hinzu. Der wahre Glaube aber statuiert dieses: Mein Geliebter ist mein, und ich ergreife ihn mit Freuden.[108]

142

Bedenkt man, dass Martin Luther durch die Predigt, Aug in Aug mit seiner Zuhörerschaft, noch sehr viel persönlicher gewirkt hat, dann ermisst man am ehesten, mit welcher Eindringlichkeit er Inhalte der Brautmystik darlegte. Zunächst aus einer Predigt über das Gleichnis Jesu über die klugen und die törichten Jungfrauen, die in mitternächtlicher Stunde, d.h. nicht nur unter dem Aspekt der äußeren Finsternis, die Herankunft des Bräutigams erwarten (Matth. 25).

Seht, hier im Evangelium nennt Christus alle Christen zusammen ein Gespons oder Braut, und er ist der Bräutigam. Hier soll kein Mittel (kein Zwischending) sein. Was wäre das für eine Ehe, so eine Mittelsperson sich müßte zwischen die Ehe stellen und die Braut bei ihrem Bräutigam etwas werben und erlangen? ... Also sollen wir hier wissen, daß Christus unser lieber freundlicher Gespons ist, und wir sind die Braut; da ist kein Mittel vonnöten, sondern wir sollen selbst mit solcher ganzer Zuversicht zu ihm treten, wie je eine geliebte Braut zu ihrem holdseligen freundlichen ehelichen Gemahl immer getreten ist. Denn der christliche Glaube bringt zuwege, daß Christus ist der Bräutigam, ich bin die Gespons (die Braut).[109]

Dieser relativ frühen Predigt aus dem Jahr 1522 sei abschließend eine solche vom Oktober 1537 hinzugefügt, die als Beleg für die späte Schaffensphase stehen möge.

Das muß ja eine große unergründliche und unaussprechliche Liebe sein Gottes gegen uns, daß sich die göttliche Natur so mit uns verbindet und senket sich in unser Fleisch und Blut, daß

Gottes Sohn wahrhaftig wird mit uns ein Fleisch und ein Leib und sich so hoch unser annimmt, daß er will nicht allein unser Bruder, sondern auch unser Bräutigam sein und an uns wendet und zu eigen gibt alle seine göttlichen Güter, Weisheit, Gerechtigkeit, Leben, Stärke, Gewalt, daß wir sollen in ihm auch teilhaftig sein der göttlichen Natur, wie Sankt Petrus spricht (2. Petrus 1,4). Und er will, daß wir solches sollen glauben, daß wir in diese Ehre und Güter gesetzt sind.[110]

Dis zeichen sey zenge / das solche bucher durch meine hand gangen sind / deñ des falschē druckēs vnd bucher verderbens / vleyssigen sich ytzt viel

Gedruckt zu Wittemberg.

Anhang

Anmerkungen

Benützt werden folgende Abkürzungen:

WA
D. Martin Luthers Werke. Kritische Gesamtausgabe, Bände 1-58. Weimar 1883 ff.

BR
Ders.: Briefwechsel, Bd. 1-15. Weimar 1930-78

TR
Ders.: Tischreden, Bd. 1-6. Weimar 1912-1921.

LD
Luther Deutsch; hrsg. von Kurt Aland 1-10. Stuttgart 1959-69.

CL
Calwer Luther-Ausgabe 1-12, jetzt Gütersloher Taschenbücher/Siebenstern Nr. 401-412. München-Hamburg 1966, bzw. Gütersloh 1977 f.

MÜ
Münchner Ausgabe – Martin Luther: Ausgewählte Werke, hrsg. von H.H. Borcherdt und Georg Merz, 3. Aufl. München 1963 f.

LTA
Martin Luther-Taschenausgabe, 1-5, hrsg. von Horst Beintker, Helmar Junghans und Hubert Kirchner. Berlin 1981 ff.

1 Paul Tillich: Vorlesungen über die Geschichte des christlichen Denkens, Teil I (Ergänzungs- und Nachlassband I zu den Gesammelten Werken), Stuttgart 1971, S. 238.

2 Martin Brecht: Martin Luther. Sein Weg zur Reformation 1483-1521. Stuttgart 1981, S. 139.

3 Hier stellt sich allerdings die Frage, ob man das spezifisch Mystische, das auf innere Gotteserfahrung Gegründete, so oder so aus der mittelalterlichen Mystik ableiten können muss, um es als »mystisch« zu qualifizieren. Offenbar haben wir uns viel zu lange daran gewöhnt, »Mystik« als einen kirchenge-schichtlich begrenzbaren, vornehmlich auf das Mittelalter da-tierbaren Tatbestand zu benennen. Die Spiritualität aber, die diese Bezeichnung verdient, ist transhistorischer Natur. Als Mystik ist zu bezeichnen, wo immer Menschen dieser Erfah-rungsqualität teilhaftig werden. Naturgemäß gilt das für alle Menschen, eben auch für jene, die man nicht bereits schon deshalb als Mystiker und Mystikerinnen bezeichnen wird. Es genügt ja, wenn »das verborgene Leben« der Betreffenden so beschaffen ist. Man denke etwa an Gestalten wie Simone Weil, Dag Hammarskjöld, Teilhard de Chardin ...

4 Reinhard Schwarz: Martin Luther, in: Große Mystiker. Leben und Wirken. Hrsg. von Gerhard Ruhbach und Josef Sudbrack. München 1984, S. 184.
Zu diesem vielschichtigen Thema vor allem Alois Maria Haas: Luther und die Mystik, in: Ders.: Gott leiden, Gott lieben. Zur volkssprachlichen Mystik im Mittelalter. Frankfurt/M. 1989. S. 264-285, mit ausführlichen Literaturhinweisen S. 457-476.

5 Martin Nicol: Meditation bei Luther. (Forschungen zur Kir-chen- und Dogmengeschichte, Band 34). Göttingen 1984.

6 Martin Brecht a.a.O.

7 Kurt Aland: Geschichte der Christenheit, Band I. Gütersloh 1980, S. 384.

8 Gustav Adolf Benrath (Hrsg.): Wegbereiter der Reformation. Bremen 1967 (Klassiker der Reformation, Band I).

9 Martin Luther, zit. nach Robert Stupperich: Geschichte der Reformation. München 1967, S. 68

10 Zit. bei Benrath S. 177.

11 A.a.O. S. 237 f.

12 Will-Erich Peuckert: Die große Wende. Das apokalyptische Saeculum und Luther. Geistesgeschichte und Volkskunde. Hamburg 1948.

13 Antoine Faivre/Rolf Christian Zimmermann (Hrsg.): Epochen der Naturmystik. Hermetische Tradition im wissenschaftlichen Fortschritt. Berlin 1979. Gerhard Wehr: Esoterisches Christentum. Von der Antike bis zur Gegenwart. Stuttgart: Klett-Cotta, 2. erw. Auflage 1995.

14 Zu Luthers reformatorischen Hauptschriften des Jahres 1520 gehören:»An den christlichen Adel deutscher Nation von des christlichen Standes Besserung«, »Von der babylonischen Gefangenschaft der Kirche« und »Von der Freiheit eines Christenmenschen«.

15 Walter von Loewenich: Luthers Theologia crucis. München 1929; 1954. Vgl. Rudolf Hermann: Luthers Theologie. Göttingen 1967, S. 69: »Die theologia crucis (Kreuzestheologie) ist freilich mehr als bloß eine Verbindungslinie zwischen Luther und der deutschen Mystik. Sie ist zwar auch das, mit ihrer Lehre von der Demut, der Lehre von Leiden und Kreuz als dem Weg Christi und des Christen, der Absage an Herrlichkeit, Stolz, Eigenschätzung und dem Entwerden des Eigenwollens gegenüber Gottes Willen. Aber sie ist mehr: Gegensatz zu Theologia gloriae ...«

16 Gerhard Wehr: Die deutsche Mystik. Mystische Erfahrung und theosophische Weltsicht. Bern-München 1988. – Ders.: Meister Eckhart in Selbstzeugnissen und Bilddokumenten. Reinbek 1989 (rm 376). – Alois Maria Haas: Gott leiden – Gott lieben. Zur volkssprachlichen Mystik im Mittelalter. Frankfurt/M. 1989; über Luther speziell S. 264 ff. – Geschichte der christlichen Spiritualität, Band II. Hrg. von Jill Raitt in Verbindung mit Bernard McGinn und John Meyendorff. Freiburg 1995. – Kurt Ruh: Geschichte der abendländischen Mystik, Band III. Die Mystik des deutschen Predigerordens und ihre Grundlegung durch die Hochscholastik. München 1996. –

17 A. M. Haas hielt es jedoch für möglich, dass Luther von Eckharts »Reden der Unterweisung« Kenntnis empfangen haben könnte, zumal sich auffällig viele Übereinstimmungen

feststellen lassen; vgl. A.M. Haas, in: Gott leiden, Gott lieben, S. 294.

18 Thomas von Kempen (gest. 1471), in: Wegbereiter der Reformation, hrg. von Gustav Adolf Benrath, Bremen 1967, S. 125 f. (Klassiker des Protestantismus, Band 1).

19 Ernst Benz: Meditation, Musik und Tanz. Über den »Handpsalter«, eine spätmittelalterliche Meditationsform aus dem »Rosetum« des Mauburnus. Wiesbaden 1976, S. 4. – Vgl. Textproben in: Ursula von Mangoldt: Meditation und Kontemplation aus christlicher Tradition. München 1966, S. 251-272.

20 Wolfgang Wieland: Augustinus (354-430), in: Ruhbach/Sudbrack (Hrsg.): Große Mystiker. Leben und Wirken. München 1984, S. 51 ff.

21 Alain Guillermou: Ignatius von Loyola in Selbstzeugnissen und Bilddokumenten. Reinbek 1962, S. 74 f.

22 Luther spielt auf die Hierarchienlehre mit den neun Engelchören des Dionysios Areopagita an.

23 WA 40, III, 657 – Vgl. MÜ I, 467.

24 WA 43, 667, 31.

25 Aus Luthers Lied »Nun freut euch lieben Christen gmein«, in dem er den Gang seines Suchens und glücklichen Findens bzw. Beschenktwerdens schildert.

26 Die Mehrschichtigkeit des Problems ergibt sich aus der Tatsache, dass Luther einmal (1523) von sich bezeugt, bis in den dritten Himmel entrückt (raptus) worden zu sein und damit den höchsten Grad mystischer Erfahrung erlangt zu haben, vgl. WA 11, 117. Jedoch »Luther hat seine Autorität niemals mit besonderen Offenbarungen oder tiefen mystischen Erfahrungen begründet, und ebensowenig hat er für › Aristokraten des Geistes‹ geschrieben, denen bereits ein Vorgeschmack der künftigen Herrlichkeit verliehen wäre.« (Heiko A. Obermann: Luther und die Mystik, in: Kirche, Mystik, Heiligung und das Natürliche bei Luther. Hrsg. von Ivar Asheim. Göttingen 1967, S. 20.)

27 WA 23, 732.

28 WA 43, 581.

29 WA 3, 640.

30 WA 57, II, 169.

31 Vgl. Alois Maria Haas: Die Problematik von Sprache und Erfahrung in der deutschen Mystik, in: Grundfragen der Mystik, hrsg. von Werner Beierwaltes u.a. Einsiedeln 1974, S. 75 ff. – Zur Geschichte des Erfahrungsbegriffs: Hans Urs von Balthasar: Herrlichkeit. Eine theologische Ästhetik, I: Schau der Gestalt. Einsiedel 1961, S. 247 ff.

32 Karl Gerhard Steck: Luther und die Schwärmer. Zürich 1955, S. 13 (Theologische Studien, Heft 44, hrsg. von Karl Barth).

33 Johannes Tauler: Predigten. Vollständige Ausgabe, hrsg. von Georg Hofmann. Einsiedeln 1979 (Christliche Meister Band 2/3).

34 WA 6, 562.

35 WA 1, 557.

36 WAB 1, 79.

37 Friedrich Wilhelm Wentzlaff-Eggebert: Deutsche Mystik zwischen Mittelalter und Neuzeit. 3. erw. Aufl. Berlin 1969, S. 171.

38 Joseph Bernhart in: Einleitung zu: Der Frankfurter – Eine deutsche Theologie. Leipzig 1920 (Der Dom), S. 86 f.

39 Martin Brecht: Martin Luther, Bd. I, S. 137.

40 WA 56, 157 f.

41 Theologia deutsch. Eine Grundschrift deutscher Mystik. Herausgegeben und eingeleitet von Gerhard Wehr. Andechs/Obb. (Edition Argo) 1989. – Kritische Textausgabe, hrsg. von Wolfgang von Hinten: Der Franckforter. Theologia Deutsch. München 1982. – Alois Maria Haas: Die Theologia Deutsch, in ders.: Geistliches Mittelalter. Freiburg/Schweiz 1984, S. 411 ff. (Dokimion 8). – Ders.: Theologia Deutsch, Meister Eckhart und Martin Luther, in ders.: Gott leiden, Gott lieben, S. 286 ff.

42 WA 1, 153.

43 WA 1, 378 f. – MÜ 1, 140 f.

44 Theologia deutsch, Kap. 2 (Die Zitate erfolgen gemäß der Edition des Herausgebers, wie Anmerkung 41).

45 A.a.O. Kap. 3.

46 A.a.O. Kap. 4

47 A.a.O. Kap. 5.
48 A.a.O. Kap. 10.
49 A.a.O. Kap. 16.
50 A.a.O. Kap. 52.
51 A.a.O. Kap. 54.
52 Auslegung deutsch des Vaterunsers für die einfältigen Laien: WA 2, 74-130; MÜ 1, 296 ff.
53 MÜ 296 f.
54 »Mystik« von griechisch › myein‹ , heißt (Mund und Ohren) schließen. – In diesem Zusammenhang ist auch an Luthers »starke Betonung des Gehörs als des für den Glauben einzig relevanten Rezeptionsorgans« zu erinnern; vgl. A. M. Haas in: Gott leiden, Gott lieben, S. 472 f. Nicht was vor aller Augen liegt, nicht das Ein-Sehbare, Anschaubare, sondern das auf Gehorsam hin ausgerichtete Hören hat die »Wort-Mystik« Luthers bestimmt. Der Glaube kommt vom Hören (Röm. 10, 17; Luther übersetzt: der Glaube kommt von der Predigt). Ferner ist auf Luthers Wort hinzuweisen, das er anlässlich des Marburger Religionsgesprächs von 1529 Zwingli und den oberdeutschen Protestanten entgegengerufen hat: »Man muss die Augen schließen (oportet oculos claudere)«. Damit ist einmal mehr hervorgehoben, wie Luthers Glaubensverständnis mit dem (mystischen) Schließen der Augen korrespondiert. An anderer Stelle: »Daher muss man mit ganzem Eifer und allen Kräften und mit einfältig geschlossenen Augen (clausis simpliciter oculis) und in aller Klugheit sich dem einfältigen Hören des Wortes hingeben« (Zit. bei Winfried Zeller: Luthertum und Mystik, in: Herausforderung: Religiöse Erfahrung. Vom Verhältnis evangelischer Frömmigkeit zu Meditation und Mystik. Hrg. von Horst Reller und Manfred Seitz. Göttingen 1980, S. 102.)
55 MÜ 297.
56 MÜ 299.
57 MÜ 300.
58 MÜ 301.
59 MÜ 345 f.
60 Der aus dem Lateinischen übersetzte Text der Resolutionen (WA 1, 529 ff) findet sich MÜ 1, 142-295.

61 MÜ 241.

62 Gerhard Wehr: Heilige Hochzeit. München 1986; 2. erw. Aufl. München 1998 (Diederichs Gelbe Reihe 146)

63 Paul Schwarzenau: Mit-Leiden Gottes. Theologische Reflexionen über die Paradoxien unseres Gottesbildes im Anschluss an die Gotteserfahrung Luthers, in: Wege zum Menschen. 37. Jahrgang 1985, S. 27-40.

64 MÜ 1, 185 f.

65 Paul Schwarzenau (Anmerkung 63), S. 30.

66 De servo arbitrio, in MÜ Ergänzungsreihe Bd. I, München 3. Aufl. 1975, S. 245 f.

67 Luthers Predigt am Sonntag Invocavit, im März 1522 (WA 10, 3; 1 ff.; Ausgewählte Werke, hrsg. von Karin Bornkamm und Gerhard Ebeling, Frankfurt/M. 1982, Bd. I, S. 271).

68 Bernhard von Clairvaux, 43. Predigt über das Hohelied (Cant), in: Ders.: Gotteserfahrung und Weg in die Welt, hrsg. von Bernardin Schellenberger. Olten-Freiburg 1982, S. 153 ff.

69 Zum fraglichen Zeitpunkt vermied es Luther, die Juden als Feinde Christi besonders anzuprangern oder gar in übler Weise zu beschimpfen, wie er dies in seiner Spätschrift »Von den Juden und ihren Lügen« tat. Noch sah er eine Chance, dass sie sich zum Christentum bekehren. Diese irrtümliche Hoffnung veranlasste ihn zur Schonung.

70 Ein Sermon von der Betrachtung des heiligen Leidens Christi (WA 2, 136-142; die Wiedergabe erfolgt nach LTA 1, 39 ff. – Über Luthers Sermon vgl. Martin Nicol: Meditation bei Luther, S. 124-150.

71 Luthers Nein zu einem aufgeblähten, sich selbst brüstenden Wissen kommt u.a. in seiner Absage an einen missdeuteten Dionysius Areopagita: »Glaube nur niemand, er sei ein mystischer Theolog, wenn er dies (den Areopagiten) gelesen, verstanden und gelehrt hat oder vielmehr meint, er habe es verstanden. Durch Leben, nein *durch Sterben und Gericht* wird der Theolog, nicht durch Erkennen, Lesen und Spekulieren ...« (WA 5, 163). Dazu A. M. Haas: Gott lieben, Gott leiden, S. 463, A 26: »Wenn man es recht bedenkt, dann wendet sich Luther gegen eine nicht mehr in der Erfahrung begründete,

bloß noch auf die *theoria* abgestützte › mystische‹ Ideologie. Sofern › mystische Erfahrung‹ in sich Erfahrung ist, hat er nichts gegen sie. Seine Losung lautet: Sola ... experientia facit theologum (WATR 1,16).«

72 Auch in seinen Tischreden kommt er einmal ausdrücklich darauf zu sprechen, wenn er sagt: »Die wahre Theologie ist praktische Theologie, deren Fundament Christus ist, dessen Tod im Glauben angeeignet (apprehenditur) wird.« (WATR 1, 72).

73 Erwin Iserloh: Luther und die Mystik, in: Kirche, Mystik, Heiligung und das Natürliche bei Luther. Hrg. von Ivar Asheim. Göttingen 1967, S. 61.

74 Jakob Böhme: De signatura rerum 7,60

75 C.G. Jung: Symbolik des Geistes. Zürich 1953, S. 386, jetzt in: Gesammelte Werke Bd. 11, S. 171 f. – Vgl. Gerhard Wehr: Stichwort Damaskus-Erlebnis. Der Weg zu Christus nach C.G. Jung. Stuttgart 1982, S. 160 ff.

76 Augustinus zit. nach Albert Brandenburg in seiner Einführung zu Luthers Auslegung des Magnificat. Freiburg 1964, S. 22.

77 WA 1, 219, zit. a.a.O. 17.

78 Elfriede Starke: Luthers Beziehungen zu Kunst und Künstlern, in: Leben und Werk Martin Luthers von 1526 bis 1546. Hrsg. von Helmar Junghans. Berlin 1983, S. 532 f. – Walter Delius: Geschichte der Marienverehrung. München-Basel 1963, S. 195-228.

79 WA 7, 544-604. – LTA 1, 68 ff.

80 WA 7, 20 ff. – CL 2, 162 ff.

81 Walther von Loewenich: Der Weg des Evangeliums durch die Welt. München 1949, S. 75.

82 Zu Folgenden vor allem Reinhard Schwarz: Mystischer Glaube – die Brautmystik Martin Luthers, in: Von Eckhart bis Luther. Herrenalber Texte 31, hrsg. von Wolfgang Böhme. Karlsruhe 1981, S. 20 ff.; ferner in: Zu dir hin. Über mystische Lebenserfahrung von Meister Eckhart bis Paul Celan. Hrsg. von Wolfgang Böhme. Frankfurt/M. 1990, S. 125 ff. – Als Grundlage für Luthers Brautmystik ist auf Psalm 45 zu verweisen, ferner auf das Gleichnis Jesu: »Das Himmelreich

ist gleich einem Könige, der seinem Sohn Hochzeit machte.«
(Matth. 22,1-14). Über diese dem 20. Sonntag nach dem Tri-
nitatisfest zugeordnete Perikope predigte Luther etwa ein
dutzend Mal. Von da aus ist der Bogen zu Eph. 5,32 zu
schlagen, wo die Vereinigung von Mann und Frau als großes
Mysterium bezeichnet ist: »Das Geheimnis ist groß; ich rede
aber von Christus und von der Gemeinde.«

83 J. von Staupitz, zit. bei Ernst Wolf: Staupitz und Luther.
   Leipzig 1927, S. 281; vgl. Reinhard Schwarz (Anm. 77), S. 24.
84 Reinhard Schwarz a.a.O. S. 32.
85 Ulrich Bubenheimer: Consonantia Theologiae et Iurispruden-
   tiae. Andreas Bodenstein von Karlstadt als Theologe und Jurist
   zwischen Scholastik und Reformation. Tübingen 1977. – Heinrich Bornkamm: Martin Luther in der Mitte seines Lebens,
   Kapitel VI: Gegner aus den eigenen Reihen – Karlstadt und
   Müntzer. Göttingen 1979, S. 133 ff.
86 Gerhard Wehr: Thomas Müntzer in Selbstzeugnissen und
   Bilddokumenten. Reinbek 1971 (Rowohlt Bildmonographie
   188).
87 Andreas Karlstadt, zit. bei Erwin Iserloh, in: Handbuch der
   Kirchengeschichte, hrsg. von Hubert Jedin. Freiburg 1967,
   Band IV, S. 125.
88 WA 15, 219, zit. bei Iserloh bzw. Jedin a.a.O. S. 130.
89 Teil I: WA 18, 62 ff. – MÜ 4, 71-122. Teil II: WA 18, 134 ff.
   – MÜ 4. 205-274.
90 Wider die himmlischen Propheten, zit. nach MÜ 4, 78.
91 Im Brief an die Galater fordert Paulus dazu auf, in der Freiheit
   zu bestehen, zu der uns Christus befreit hat, und nicht länger
   unter dem knechtischen Joch des mosaischen Gesetzes zu
   verbleiben, Gal. 5.
92 MÜ 4, 115 und 119.
93 MÜ 4, 121 f.
94 MÜ 4, 207.
95 MÜ 4, 208 f.
96 WA 40/II auszugsweise in: Ruhbach/Sudbrack (Hrsg.) Christliche
   Mystik. Texte aus zwei Jahrtausenden. München 1989, S. 276-284.
97 In Texten wie der der Magnificat-Auslegung war noch davon

die Rede, dass Gott die Gewaltigen vom Thron stürzt und sich der geringen Leute annimmt. Inzwischen weiß es der in kaiserlicher Acht und im Bann des Papstes stehende Reformator zu schätzen, dass sein sächsischer Landesherr und auch andere protestantisch gesinnte Reichsfürsten seine Sicherheit gewährleisten. Diese Erfahrung schlägt hier durch.

98 WA 9, 98.

99 Von beiderlei Gestalt des Sakraments zu nehmen, zit. bei Karl Gerhard Steck: Luther und die Schwärmer. Zollikon-Zürich 1955 (Theologische Studien, hrsg. von Karl Barth), S. 25.

100 Luthers Vorrede zum ersten Band seiner deutschen Schriften, WA 50, 657 ff. – MÜ 1, 17 f.

101 WA 4,265 vgl. Erwin Iserloh in: Kirche, Mystik, Heiligung und das Natürliche in Luther, S. 68 f.

102 WA 57, 3, 144 und 185.

103 WA 57, 3, 114.

104 WA 2, 146.

105 Erwin Iserloh (wie Anmerkung 99), S. 79, dort weitere Belege.

106 WA 57, 3, 224.

107 Erwin Iserloh, S. 70.

108 WA 40, 3, 738.

109 WA 10, 3, 357.

110 WA 10, 3, 336.

Zeittafel

1483 10. November: Martin Luther wird in Eisleben geboren und am darauf folgenden Tag getauft.

1501 Nach dem Besuch der Lateinschule in Mansfeld, der Schule in Magdeburg und der St. Georgen-Schule in Eisenach, im Mai 1501: Immatrikulation an der Universität Erfurt; Beginn des Grundstudiums der Freien Künste (artes liberales).

1505 Januar: Promotion zum Magister.
Mai: Beginn des Jurastudiums.
2. Juli: Blitzschlag-Erlebnis in der Nähe von Erfurt.
17. Juli: Eintritt ins Kloster der Augustiner-Eremiten in Erfurt.

1507 3. April: Priesterweihe.
Auf Veranlassung des Generalvikars Johann von Staupitz.
Beginn des Theologiestudiums.

1510 November: Antritt der Romreise.

1511 Februar bis April: Rückreise. – Luther wird Subprior der Augustiner in Wittenberg, verbunden mit Vorlesungstätigkeit an der Universität.

1512 19. Oktober: Promotion zum Doktor der Theologie und Beginn der bibeltheologischen Vorlesungen (Genesis, Psalmen, Römerbrief, Galaterbrief).
In diesen Jahren kommt es zum »Turmerlebnis« mit dem reformatorischen Durchbruch.

1515-
1516 Begegnung mit mystischer Literatur.

1516 Herausgabe der »Theologia deutsch«.

1517 31. Oktober (Reformationstag): Veröffentlichung der 95 Thesen gegen den Ablasshandel.

1518 Oktober: Anstelle eines Verhörs in Rom kommt es zu einem Verhör vor dem päpstlichen Legaten, Kardinal Cajetan, in Augsburg.

1519 12. Januar: Maximilian I. stirbt.
28. Juni: Wahl des Spanierkönigs als Karl V. zum Deutschen Kaiser.

Juli: Disputation zwischen Johann Eck und Luther auf der Pleißenburg in Leipzig.

1520 Die päpstliche Bannandrohungsbulle »Exurge Domine« wird in Deutschland verbreitet.

Reformatorische Grundschriften: »An den christlichen Adel deutscher Nation«; »Von der babylonischen Gefangenschaft der Kirche«; »Von der Freiheit eines Christenmenschen«.

10. Dezember: Luther verbrennt die Bannandrohungsbulle öffentlich; der Bruch mit Rom ist perfekt.

1521 3. Januar: Offizielle Verhängung des Kirchenbannes.

17./18. April: Verhör und Bekenntnis vor dem Reichstag in Worms.

Mai: Das Wormser Edikt verhängt die Reichsacht über Luther, es bedeutet Verbot der Reformation.

9. Mai: Luther in Schutzhaft auf der Wartburg.

Im Herbst: Die Wittenberger Bewegung beginnt spektakuläre Formen anzunehmen.

Dezember: Beginn der Übersetzung des Neuen Testaments.

1522 März: Rückkehr nach Wittenberg; Invocavit-Predigten Luthers.

September: Die Verdeutschung des Neuen Testaments erscheint im Druck (September-Bibel).

1523 Juli: Verbrennung zweier reformatorisch gesinnter Mönche in Brüssel. Luthers Liedschaffen beginnt.

1524 Juni: Beginn der Bauernaufstände in der Grafschaft Stühlingen/Südschwarzwald, von da Ausbreitung über Südwestdeutschland.

1525 Der Bauernkrieg ist in vollem Gang; Thomas Müntzer tritt als Prediger an die Spitze der mitteldeutschen Bauern.

Luthers 3 Bauernkriegsschriften.

5. Mai: Tod des Kurfürsten Friedrich III. (d. Weisen).

27. Mai: Thomas Müntzer wird nach der Schlacht von Frankenhausen und nach harter Folterung getötet.

13. Juni: Eheschließung mit der Nonne Katharina von Bora.

Dezember: »De servo arbitrio – über den geknechteten Willen«, Luthers Abrechnung mit Erasmus von Rotterdam und dem Humanismus.

1526	I. Speyrer Reichstag schiebt die Lösung der Frage der Reformation auf.
1529	II. Speyrer Reichstag fordert Durchsetzung des Wormser Edikts; dagegen erfolgt die Protestation der lutherfreundlichen Fürsten.
	Oktober: Marburger Religionsgespräch zur Klärung der Abendmahlsfrage zwischen Luther und Zwingli scheitert.
1530	April – November: Luther auf der Veste Coburg.
	Juni: Verlesung der Confessio Augustana während des Reichstags zu Augsburg.
1534	Fertigstellung und Druck der durch Luther verdeutschten (Gesamt-)Bibel.
	Vernichtung des Täuferreiches in Münster.
1537	Schmalkaldische Artikel.
1545-1563	Konzil von Trient (Tridentinum): Verurteilung der Reformation.
1546	18. Februar: Der schwer erkrankte Luther stirbt in Eisleben, nachdem er dort einen Streitfall der Grafen von Mansfeld geschlichtet hat.
	22. Februar: Beerdigung in der Schlosskirche zu Wittenberg.
	Ausbruch des Schmalkaldischen Kriegs, der mit dem Sieg Karls V. über die protestantischen Fürsten 1547 endet.

Literaturhinweise

Die wissenschaftliche und die populäre Lutherliteratur, die allein in den letzten Jahrzehnten produziert wurde, ist ungemein vielfältig und perspektivenreich. Eine kleine Auswahl, die im Besonderen hinführenden Charakter hat, muss hier genügen:

1. Zur Einführung

Lilje, Hanns: Luther in Selbstzeugnissen und Bilddokumenten. Reinbek 1965: Neuauflagen (rm 98).

Lohse, Bernhard: Martin Luther. Eine Einführung in sein Leben und Werk. München 1981.
Der Inhalt umfasst Überblicke über Umwelt, Leben, Problematik und Schrifttum; mit berücksichtigt sind Geschichte der Luther-Deutung sowie Ausgaben, Fachzeitschriften und Hilfsmittel.

Stupperich, Robert: Die Reformation in Deutschland. München 1972 – jetzt: Gütersloher Taschenbücherei (GTB 1401).

Stupperich, Robert: Geschichte der Reformation. München 1967 (dtv 413).

Die Reformation in Augenzeugenberichten. Hrsg. von Helmar Junghans, mit einer Einleitung von Franz Lau. München 1973 (dtv 887). Es handelt sich um eine knapp kommentierte, relativ umfangreiche Text- und Dokumentensammlung. Sie reicht vom so genannten Turmerlebnis und Ablassstreit bis zu den einzelnen Stadien der Ausbreitung der Reformation und zu den Bestimmungen des Augsburger Religionsfriedens von 1555.

II. Texte

Abgesehen von den wissenschaftlichen Luther-Ausgaben, die bei Lilje, Lohse und Stupperich im Einzelnen nachgewiesen sind, seien je nach den Ansprüchen des Lesers empfohlen:

Kunst, Hermann: Martin Luther. Stuttgart 1982. Der Band ist ausdrücklich als ein »Hausbuch« deklariert. Nach einem Überblick über Leben und Werk werden in 9 Kapiteln Grundfragen des Glaubens, der Schriftauslegung und des Lebens im Spiegel von Luther-Texten betrachtet. Daran schließen sich alphabetisch geordnete Luther-Worte an. Der Fundort ist jeweils nachgewiesen. Der Text ist fast durchwegs gemäß der Aland'schen Ausgabe »Luther deutsch« (LD) normalisiert.

Martin Luther: Ausgewählte Werke. Hrsg. von H.H. Borcherdt und Georg Merz. 3. Aufl. München 1963 ff. Diese so genannte Münchner Ausgabe (MÜ) bietet in 6 Bänden und in 7 Ergänzungsbänden einen dem Original nahen Luther-Text samt Einleitungen und Kommentaren; lateinische Wortlaute sind übersetzt.

Calwer Luther-Ausgabe (CL), hrsg. von Wolfgang Metzger: Gütersloh 1977 ff., enthält in 10 Taschenbüchern einen weitgehend normalisierten Luther-Text; sie werden ergänzt durch die zweibändige Luther-Biographie, die Heinrich Fausel in den Bänden 11 und 12 unter Zitierung zahlreicher Quellentexte erarbeitet hat.

Luther deutsch, hrsg. von Kurt Aland 1-10. Stuttgart 1959-69; jetzt Göttingen 1982. Ähnlich wie die Calwer Ausgabe ist LD stärker modernisiert. Vorgesehen ist eine dreibändige Ergänzung, von der Teil III, ein Luther-Lexikon, vorliegt.

Martin Luther Studienausgabe. Hrsg. von Hans-Ulrich Delius. Berlin-Ost 1979 ff. Die auf 6 Bände berechnete Ausgabe, (seit Frühjahr 1982) will wissenschaftlichen Ansprüchen genügen. Das geht nicht zuletzt aus neuen Textrekonstruktionen hervor, die jüngste Ergebnisse der Luther-Forschung berücksichtigen. Der abschließende 6. Band bietet die Übersetzung lateinischer Stücke, ein frühneuhochdeutsches Glossar sowie Register und Nachträge.

Martin Luther Taschenausgabe (LTA), hrsg. von Horst Beintker, Helmar Junghans und Hubert Kirchner. Berlin-Ost 1981. Es handelt sich um Übertragungen in die Sprache der Gegenwart. In fünf Bänden werden Texte zu den Themen Botschaft des Kreuzes; Glaube und Kirchenreform; Sakramente, Gottesdienst und Gemeindeordnung; Evangelium und Leben; Christ und Gesellschaft geboten.

Die Insel-Ausgabe mit ausgewählten Schriften Luthers (LI) in sechs Bänden entspricht in ihrem Aufbau den Hauptaspekten der Wirksamkeit Luthers, thematisch gefasst und chronologisch geordnet. Der 6. Band enthält eine Briefauswahl. Vollständig aufgenommen sind Luthers Briefe an seine Familie.

III. Biographien

Aland, Kurt: Die Reformatoren. Luther, Melanchthon, Zwingli, Calvin. Gütersloh 1976 (GTB 204).

Ders.: Frauen der Reformation. Von Katharina von Bora bis Anna Zwingli. Gütersloh 1995 (GTB 1482).

Bainton, Roland: Martin Luther. 7. Aufl. Göttingen 1980.

Boehmer, Heinrich: Der junge Luther. 6. Aufl., hrsg. von H. Bornkamm. Stuttgart 1971.

Bornkamm, Heinrich: Luther, Artikel in Religion in Geschichte und
Gegenwart (RGG). 3. Aufl. Band 4, 480-495.

Bornkamm, Heinrich: Martin Luther in der Mitte seines Lebens. Das
Jahrzehnt zwischen dem Wormser und dem Augsburger Reichstag.
Aus dem Nachlass hrsg. von Karin Bornkamm. Göttingen 1979.

Brecht, Martin: Martin Luther. Band I: Sein Weg zur Reformation
1483-1521; Band II: Ordnung und Abgrenzung der Reformation
521-1532; Band III: Die Erhaltung der Kirche 1532-1546. Stuttgart
1981 ff.

Brosseder, Johannes: Martin Luther, in: Klassiker der Theologie, hrsg.
von Heinrich Fries und Georg Kretschmar. München 1981, Band
I, 283-313.

Fausel, Heinrich: Martin Luther, in: Calwer Luther-Ausgabe Band 11
und 12 (siehe oben: II. Texte).

Febvre, Lucien: Martin Luther. Religion als Schicksal (1928). Berlin
1976.

Friedenthal: Martin Luther. Sein Leben und seine Zeit. München 1967.

Joest, Wilfried: Martin Luther, in: Gestalten der Kirchengeschichte
Band 5: Die Reformationszeit, hrsg. von Martin Greschat. Stuttgart 1981, 129-186.

Lau, Franz: Martin Luther. 2. Aufl. Berlin 1962 (Sammlung Göschen).

Lilje, Hanns: Luther in Selbstzeugnissen und Bilddokumenten. Reinbek 1965 (rm 98); zahlreiche Neuauflagen mit ausführlicher
Bibliographie.

Loewenich, Walther von: Martin Luther. Der Mann und das Werk.
München 1982.

Ritter, Gerhard: Luther. Gestalt und Tat (1925). 5. Aufl. München
1949.

Scheel, Otto: Martin Luther I/II. 3./4. Aufl. Tübingen 1921/30 (reicht
nur bis ca. 1514!).

Zschäbitz, Gerhard: Martin Luther. Größe und Grenze, Teil I (1483-
1526). Berlin-Ost 1967.

Wehr, Gerhard: Martin Luther. Mystische Erfahrung und christliche
Freiheit im Widerspruch. Schaffhausen (1983) 2. Aufl. 1996.